Edelweiss
reine des fleurs

Création graphique et mise en page : Dynamic 19, Thonon-les-Bains
Editions du Belvédère
1, rue de l'Industrie, CH-2114 Fleurier
Tél.: + 41 (0)32 861 41 88 / fax : + 41 (0)32 861 41 89
22, rue des Remparts, F-25300 Pontarlier
Tél.: + 33 03 81 46 52 15 / e.vandelle@wanadoo.fr
www.editionsdubelvedere.com

Tous droits réservés pour tous pays.
Sauf autorisation, toute reproduction de ce livre, même partielle,
par tous procédés est interdite.
© Editions du Belvédère, avril 2011
ISBN : 978-2-88419-201-9

Charly Rey, Sabine Rey, Catherine A. Baroffio,
José F. Vouillamoz, Didier Roguet

Contributeurs

Claude-Alain Carron, Agroscope Changins-Wädenswil ACW, Centre de recherche Conthey
Peter Enz, Jardin botanique de l'Université de Zurich
Laurent Gautier, Conservatoire et Jardin botaniques de Genève
Reto Nyffeler, Jardin botanique de l'Université de Zurich
Jean-Claude Praz, Musée de la Nature, Sion
Tobias Scheidegger, Jardin botanique de l'Université de Zurich

Edelweiss
reine des fleurs

Remerciements

Pour la rédaction de la préface, pour le don de la gravure de l'edelweiss de son père Robert Hainard et pour la lecture du texte, nous exprimons notre vive reconnaissance à Pierre Hainard, professeur honoraire, Montpreveyres.

Pour leurs renseignements, leur aide, leur collaboration ou leurs photos, nous remercions vivement les personnes suivantes, en Suisse et à l'étranger :

Anchisi Egidio, Orsières

Antonin Philippe, Conthey

Bagnoud Gaston, Cabane des Violettes, Montana

Bäumler Beat, CRSF (Centre du réseau suisse de floristique), Conservatoire et Jardin botaniques de la ville de Genève

Blöch Cordula, Université de Vienne, Autriche

Bonvin Bernard et Fatima, Cabane des Violettes, Montana

Carballo Nestor, Conthey

Chapalay Isabelle, Genève

Chavanne Etienne, Moutier

Cheseaux Josy, Etablissement horticole, Saillon

Crittin Carole, Chamoson

Darbellay-Debrunner Nicole, Valplantons Bio, La Fouly

Dickoré W. Bernhard, Botanische Staatssammlung, Munich, Allemagne

Duchosal Pierre, Evolène

Ellenberger Andreas, Weleda, Arlesheim

Fellay Paul, Monthey

Fournier Fabien, Valplantes, Sembrancher

Fumeaux Nicolas, Conservatoire et Jardin botaniques de la ville de Genève

Gaboly Michel, Paris, France

Gaetani-Marguerettaz Cesare et Giuseppina, Aoste, Italie

Gafner Frank, Mibelle Cosmetics, Buchs

Galetti Giovanni, Pesaro, Italie

Genton Daniel, DSM (Alpaflor), Vouvry

Gius Elisa, Agroscope Changins-Wädenswil ACW, Conthey

Herrmann Christine, Wädenswil

Imhof Peter, Ricola, Laufon

Isnenghi Edoardo, Rome, Italie

Juillerat Philippe, CRSF (Centre du réseau suisse de floristique), Conservatoire et Jardin botaniques de la ville de Genève

Lê Cong-Linh, Agroscope Changins-Wädenswil ACW, Changins

Liand Anne-Valérie, Jardin botanique alpin, Champex

Loizeau Pierre-André, Conservatoire et Jardin botaniques de la ville de Genève

Maurer-Fellay Angèle, Sion

Meisinger Marie-Sophie, DSM (Alpaflor), Bâle

Monnet Bruny et Dany, Jardin botanique La Rambertia, Rochers-de-Naye

Müller Selina, AVE Agentur van Essel, Zurich

Paul François, DSM (Alpaflor), Vouvry

Perret Patrick, Conservatoire et Jardin botaniques de la ville de Genève

Pfeifer Evelin, Institut de Botanique systématique, Université de Zurich

Poligné Jean-Luc, Jardin botanique alpin, Champex

Raboud Isabelle, Musée gruérien, Bulle

Raselli Reto, Le Prese, Grisons

Renaud Bernard, Conservatoire et Jardin botaniques de la ville de Genève

Redžić Sulejman, Faculté des Sciences, Sarajevo, Bosnie-Herzégovine

Rey Jeannette, Cabane des Violettes, Montana

Richterich Félix, Ricola, Laufon

Crédits photographiques

Richterich Hans-Peter, Ricola, Laufon

Rieudebat Serge, Jardin botanique du Tourmalet, Barèges, Hautes-Pyrénées, France

Rutishauser Rolf, Institut de Botanique systématique, Université de Zurich

Schneider Peter, DSM (Alpaflor), Bâle

Schwaiger Stefan, Université d'Innsbruck, Autriche

Sigg Pascal, Agroscope Changins-Wädenswil ACW, Conthey

Sigg Sarah, Médiplant, Conthey

Simonnet Xavier, Médiplant, Conthey

Skory Giorgio, photographe, Romanel-sur-Lausanne

Slacanin Ivan, Laboratoire ILIS, Bienne

Stäubli Marianne et André, Duillier

Surdez Bernard, Les Breuleux

Thierrin Joseph, géologue, Porrentruy

Tornay Jacques et famille, Orsières

Tornay Laurent et famille, Orsières

Tornay Pascal et famille, Orsières

Vangjeli Jani, Musée des Sciences naturelles, Tirana, Albanie

Veselaj Zeqir, Faculté d'Education, Priština, Kosovo

Vernay Marie-Thérèse, Jardin botanique alpin, Champex

Vigneron Jean-Pol, Facultés Universitaires Notre-Dame de la Paix, Namur, Belgique

Visinand Gisèle, Conservatoire et Jardin botaniques de la ville de Genève

Wenger Micheline, Conservatoire et Jardin botaniques de la ville de Genève

Wicki Johannes, Jardin botanique de Zurich

Zlatkovic Bojan, Université de Nis, Serbie

Toutes les photographies ont été réalisées par les auteurs (Sabine et Charly Rey), sauf mention expresse dans la légende.

Sommaire

Remerciements	4
Crédits photographiques	5
Préface	8

L'edelweiss sous l'angle botanique

Classification et répartition	10
Aires géographiques	10
Classification	16
Des organes adaptés	24
Au commencement était la graine	24
Des bractées chatoyantes	26
Un duvet anti-UV ?	27
L'edelweiss n'est pas une fleur !	31
Les bractéoles	36
Pollinisé par des mouches ?	37
Graines parachutées	38

Où pousse l'edelweiss ?

Habitat	39
Les plantes compagnes	41
Statuts de protection	58
Edelweiss en Suisse, en Italie et en France : quelques coins des auteurs	60
En Suisse	60
Dans les Alpes bernoises	61
Dans les Alpes valaisannes	74
Dans le Jura	93
En Italie	94
En Vallée d'Aoste	94
Au col d'Agnello	95
En France	96
Au col du Mont-Cenis	96

Cultiver le mythe

De la nature à la culture	97
La sélection de la variété 'Helvetia' : dix ans de gestation	98
Domestication	98
Les cultures commerciales	101
Calendrier cultural	103
La production de fleurs coupées	105
Ravageurs et maladies	108
L'edelweiss multiplié en laboratoire	108
Altitude et antioxydants	109
Propriétés pharmaceutiques	110
Utilisations cosmétiques et alimentaires	111

Edelweiss, naissance d'un symbole

L'avant-edelweiss	114
Edelweiss : une appellation tyrolienne mondialement célèbre	116

Fantasmes romantiques récents et âge d'or de l'alpinisme	116
Le mythe de la rareté	119
Tourisme alpin et edelweiss	120
Fleurs immortelles comme souvenirs	125
De la légende à la réalité	128
Menace et protection de l'edelweiss	129
Nationalisme, militarisme et résistance	133
Une plante asiatique comme symbole patriotique ?	133
Fleurs textiles : l'edelweiss dans le costume suisse	135
Edelweiss, nouveau « trend ethno »	138
Mots en fleurs : contes de fées, légendes et romances	140
Star des Alpes : la carrière cinématographique et musicale de l'edelweiss	142

Utilisations insolites de l'edelweiss — 144

L'edelweiss dans les herbiers — 146

L'edelweiss dans les jardins botaniques alpins — 148

En Suisse — 148

La Linnaea, Bourg-Saint-Pierre (1689 m), Valais — 148

Flore-Alpe, Champex (1520 m), Valais — 150

La Rambertia, Rochers-de-Naye (2025 m), Vaud — 151

Jardin botanique de Genève — 152

Jardin botanique de l'Université de Zurich — 154

En Italie et en France — 156

Jardin botanique alpin Chanousia (Aoste) — 156

Jardin botanique du Tourmalet — 157

Bibliographie — 158

Préface

Pour la « Reine des fleurs » il fallait un grand et beau livre : le voici ! Grand pour qu'y puissent figurer toutes les présences de l'edelweiss à tous les niveaux (biologique, écologique, biogéographique) et dans toutes les dimensions (historique, esthétique et même politique) qu'elle occupe dans l'âme humaine. Beau... car il fallait bien qu'il soit à la hauteur esthétique de son sujet ! Il aura fallu que se rassemblent des auteurs dont l'érudition soit à la hauteur de la passion, la connaissance scientifique égale à la condition physique, la curiosité aussi vive que le goût, et qui fassent preuve autant d'humour que d'amour. D'ailleurs c'est par cela qu'ils commencent : l'immortalité de l'amour, la plus haute des valeurs, voilà ce que symbolise l'edelweiss, qui conserve pour toujours sa blanche beauté, même séchée et conservée entre les pages les plus intimes des livres les plus précieux.

La valeur de l'edelweiss me fut signifiée par ma Valaisanne de mère quand j'étais encore gamin : nous passions devant le cinéma Excelsior, qui projetait des films germanophones à la rue de la Corraterie à Genève. Sur une photo tirée d'un film alpestre, un jeune homme en culottes de cuir offrait un bouquet de marguerites à une jeune fille en fichu. Ma mère scandalisée : « Des marguerites ? Mais quand on est amoureux, on offre au moins des edelweiss, pour prouver qu'on est fort et courageux ! » En effet, il faut aller la chercher, cette fleur mythique, sur les escarpements rocheux qui vers le vide s'inclinent, avec cette pelouse rase qui peut faire traîtreusement glisser le pied, sauf celui du chamois – son rebord tranchant l'assure, comme le faisaient, imitation judicieuse, les tricounis bordant la semelle des chasseurs et paysans de montagne.

L'edelweiss se montre à la hauteur des adversités naturelles de son milieu par la qualité de ses adaptations : sa première pousse reste d'abord en terre, pour n'émerger qu'une fois de taille à résister au gel – ainsi le palmier *Acanthococos* qui commence par descendre sous terre à un demi-mètre et ne réapparaît qu'après avoir acquis un diamètre de taille à supporter le passage du feu ; bien sûr c'est dans le campo cerrado brésilien que cela se passe, mais gel et feu pour les plantes c'est mêmes dégâts, même combat. La toison dense et crépue de l'edelweiss le protège du gel nocturne estival, toujours possible, et le protège également à la méridienne, car vu la pente offerte au sud, le soleil alors pratiquement au zénith darde un rayonnement direct qui élève la température au sol à plus de 50 degrés : aubaine thermique bienvenue – si on la supporte...

Ses qualités esthétiques et morales lui valent d'orner les galons des grades les plus élevés de l'armée suisse dès l'entre-deux-guerres (mais il fut aussi fleur préférée d'Hitler et arboré par une unité alpine de la Wehrmacht... est-il précisé). Au niveau morphologique, c'est un vrai dispositif stratégique. De la fleur unique fondamentale elle fait des inflorescences d'inflorescences, doublant le processus évolutif de réitération pratiqué par bien des végétaux (voir les ombelles composées chez les Apiacées – comme doivent maintenant s'appeler les Ombellifères). Mais à ces altitudes, pas question d'un étalement qui serait fatal : c'est la formation en hérisson, le régiment de lansquenets. Les carrés de hallebardiers, avec leurs soldats extérieurs en éveil en premier, entourent au contact le carré central sommital, le premier à se développer pour garantir le succès de la reproduction. Mouvement tactique croisé, mais que ne faut-il pas faire quand on est l'ornement suprême de nos paysages alpestres et qu'on entend le rester...

Dans ce bel ouvrage, la plante est abondamment représentée par des photos de haute qualité, faisant également apparaître les biotopes et les paysages, et même, très utile adjonction, des itinéraires de visite de ces sites – les « coins » des auteurs, ceux que d'habitude on cache pour en garder l'exclusivité, mais ceux-là, ils les montrent ! Quelle généreuse attitude de protecteurs de la nature, qui savent qu'on ne la sauvera pas en la cachant mais en la faisant aimer. Aimer et partager, c'est leur pain quotidien, on le reconnaît bien quand on voit les cheveux de Sabine sous la casquette de Charly ! La suite du régal va de la génétique à la gastronomie (ainsi en Valais un « bœuf bourguignon flambé à l'edelweiss » – mais alors comment va-t-il s'appeler ? « bourguignon du Valais », comme on a pu dire « gruyère d'Emmental » ?). Les pages « De la nature à la culture » sont un exposé de génétique appliquée et de technique de sélection qui constitue une très bonne initiation à ces disciplines ; on reconnaît bien là le don de diffusion des connaissances que se partagent les auteurs.

Les diverses figurations de l'edelweiss, tous genres confondus, toutes glorieuses et même certaines insolites, sont un véritable dessert pour les yeux ! Que n'aura pas soutenu le prestige de notre étoile blanche, du pain de seigle à la station de ski japonaise ! Une vraie star cosmopolite. Mon maître Fernand Chodat, dans l'exposé sur la flore alpine qu'il nous faisait sur le terrain après le pique-nique au bord des Lacs de Fenêtre, la voyait à l'origine étoile rouge ; à l'époque on voyait le genre Edelweiss venant de terres soviétiques. Mais notre étoile survole toutes les délimitations géopolitiques : une étoile rouge sur fond blanc ? non. Cinquante blanches sur fond bleu ? pas plus. Treize mi-rouge mi-blanc sur fond blanc ? oui, mais pas seulement. Et de plus ses branches sont en nombre variable ! Elle est bien au-dessus de tout cela, elle est beauté du paysage et plaisir de tous.

Pierre Hainard, professeur honoraire

Edelweiss. Robert Hainard, gravure sur bois. Obs. Lämmerngrat (Gemmi), 16.9.1962. Fini d'imprimer 16.10.1963. 11 planches.
« Aux portes de l'automne, notre étoile à la blanche toison ne craint ni le froid ni la neige. »

(Pierre Hainard)

L'edelweiss sous l'angle botanique

Charly Rey, Sabine Rey, José F. Vouillamoz

Classification et répartition

Aires géographiques

L'edelweiss fait partie de la grande famille des Astéracées (*Asteraceae*), qui comprend environ 25 000 espèces réparties en 1500 genres botaniques différents. Le genre *Leontopodium* est composé d'environ 30 à 40 espèces distribuées principalement en Asie (Himalaya, Altaï, Sibérie, Japon et Chine), avec un centre de biodiversité maximale dans le Plateau tibétain.

Un *Leontopodium* ancestral aurait rejoint les Alpes après les glaciations quaternaires et se serait différencié en deux espèces très disjointes des autres représentants du genre, confinées aux montagnes d'Europe centrale et occidentale :

• *Leontopodium alpinum* Cass. (Pyrénées, Jura, Alpes, Apennins ligures, Nord des Balkans, Carpates), avec un duvet lâche et blanchâtre, des feuilles basales allongées et lancéolées, plante fleurie haute de 8 à 30 cm ;

• *Leontopodium nivale* (Ten.) Huet (Apennins : Abruzzes, Alpes dinariques : Shljeb près d'Ipek, Sud-Est des Balkans : Montagnes Pirin), avec un duvet dense et grisâtre, des feuilles basales courtes et spatulées, plante fleurie haute de 1 à 5 cm (Handel-Mazetti, 1927 ; Hegi, 1927 ; Tutin *et al.*, 1976 ; Pignatti, 1982).

Certains botanistes en ont fait deux sous-espèces : *Leontopodium alpinum* ssp. *alpinum* et *Leontopodium alpinum* ssp. *nivale*. Cependant, de récentes recherches morphologiques et moléculaires recommandent de les considérer comme deux espèces distinctes (Greuter, 2003 ; Blöch *et al.*, 2010 ; Safer *et al.*, 2011).

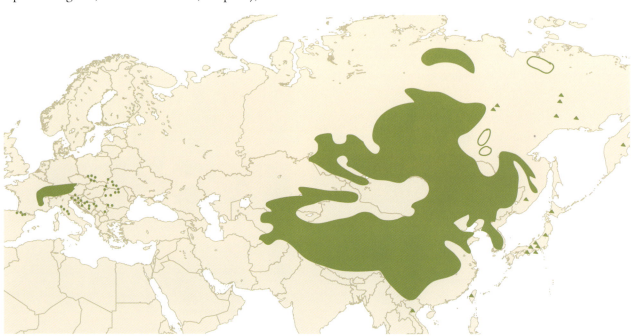

Distribution du genre *Leontopodium* dans le monde (adapté d'après Meusel et Jäger, 1992).

Leontopodium nivale (Ten.) Huet, dans les Apennins (photo Giovanni Galetti).

Leontopodium alpinum Cass., dans les Alpes.

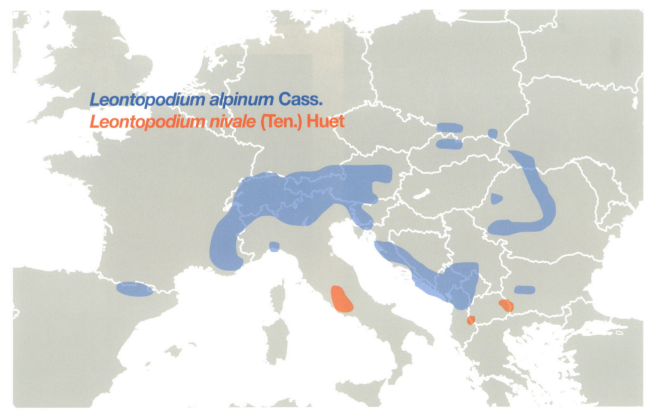

Distribution des deux espèces d'edelweiss (*Leontopodium alpinum* en bleu et *L. nivale* en rouge).

Les espèces asiatiques qui se rapprochent morphologiquement et génétiquement le plus des deux espèces d'Europe occidentale sont *L. leontopodinum* (Nord de la Chine et Tibet), *L. souliei* (Himalaya, Chine, Est de la Russie, Kamtchatka), *L. himalayanum* (Himalaya), *L. calocephalum* (Himalaya), *L. artemisiifolium* et *L. ochroleucum* (Mongolie, Himalaya).

Leontopodium calocephalum (Jardin botanique du Tourmalet, Pyrénées, France).

Leontopodium thibeticum, aux environs de Ichar près de Padum dans le Zanskar (Cachemire) entre 4200 et 4600 m d'altitude (photos Carole Crittin, 14.07.2009). Dans cette région et à cette altitude, cette espèce peut être confondue avec *L. ochroleucum* et leur détermination précise nécessite l'examen de spécimens d'herbier (commentaire Bernhard Dickoré).

Leontopodium souliei, présent dans l'Himalaya, en Chine, dans l'Est de la Russie et au Kamtchatka (photo Serge Rieudebat).

1 : *Leontopodium himalayanum* : Uttarakhand, Kumaon, Birjeganj Pass, Inde, 4640 m (septembre 2005). Cette espèce se trouve dans le centre de l'Himalaya, de l'Himachal Pradesh jusqu'à l'extrême sud-ouest du Tibet et au nord-ouest du Yunnan (sud-ouest de la Chine) (photo et commentaire: Bernhard Dickoré).

2 : *L. stracheyi* : Uttarakhand, Kumaon, Darma Valley, Son/Duktu, Inde, 3200 m (août 2010). Cette espèce haute sur tige est présente en Himalaya central (Uttarakhand), au sud et à l'ouest du Tibet et à l'ouest du Sichuan (sud-ouest de la Chine) (photo et commentaire: Bernhard Dickoré).

3 : *L. jacotianum* : Uttarakhand, Kumaon, Ralam Valley, Ralam - Birjeganj Pass, Inde, 4100 m (septembre 2005). Cette espèce se trouve dans l'Himalaya et au Herngduan Shan, à l'est du Cachemire (photo et commentaire : Bernhard Dickoré).

4 : Détail d'une espèce de *Leontopodium* sur le plateau de Mongolie (photo Marianne et André Staübli).

5 : Plusieurs espèces de *Leontopodium* jonchent le Plateau de Mongolie (photo Giorgio Skory) où l'on rencontre en particulier *L. leontopodinum* en haute montagne et *L. leontopodioides* dans les steppes basses, cette dernière étant vraisemblablement représentée sur cette photo (commentaire Bernhard Dickoré, Munich).

Classification

Pour les botanistes, l'edelweiss ne s'est pas toujours appelé *Leontopodium alpinum* ou *Leontopodium nivale*. La première illustration de l'edelweiss apparaît au 15ᵉ siècle dans le *Codex bellunensis*, un herbier de planches en couleur représentant plus de 200 plantes collectées entre Feltre et Belluno dans les Dolomites italiennes et conservé aujourd'hui à la British Library de Londres. Quant à la première description botanique de l'espèce des Alpes, elle est l'œuvre du botaniste italien Pietro Andrea Mattioli, dit Matthiolus (1501-1577), qui la nomme d'abord *Leontopodium verum* (Mattioli, 1571), puis *Gnaphalium leontopodium* ou *Leontopodium matthioli* (Mattioli, 1590). Le naturaliste bâlois d'origine française Johann Bauhin (1541-1612) la décrit comme *Gnaphalium Alpinum magno flore, folio oblongo*, tandis que le botaniste français Joseph Pitton de Tournefort (1656-1708) la nomme *Filago Alpina, capite folioso*. L'illustre naturaliste suédois Carl von Linné (1707-1778), père de la nomenclature binomiale des espèces végétales et animales, a d'abord nommé cette plante *Gnaphalium leontopodium* L. dans son *Species Plantarum* en 1753, avant de la rebaptiser *Filago leontopodium* L. dans la deuxième édition de 1763. D'autres noms ont circulé (*Antennaria leontopodium* Gaertner, *Leontopodium umbellatum* Bluff et Fingerh., *Leontopodium leontopodium* Reiser, etc.) et c'est finalement le botaniste français d'origine italienne Alexandre Henri Gabriel de Cassini (1781-1832) qui lui confère son nom actuel de *Leontopodium alpinum* dans le *Dictionnaire des Sciences naturelles* en 1822. Quant à l'espèce des Abruzzes, le botaniste napolitain Michele Tenore (1781-1861) la décrit d'abord en 1811 dans sa *Flora Napolitana* sous *Gnaphalium nivale*,

Première illustration de l'edelweiss dans le *Codex bellunensis* (fol. 35v), un herbier de planches en couleur du 15ᵉ siècle conservé à Londres, à la British Library (source : Archives de l'Alpenverein-Museum, Innsbruck).

renommée *Leontopodium nivale* par les frères Alfred et Edouard Huet du Pavillon dans leur *Plantae neapolitanae* paru en 1856. C'est pourquoi les noms botaniques complets des deux espèces d'edelweiss sont aujourd'hui *Leontopodium alpinum* Cass. et *Leontopodium nivale* (Ten.) Huet.

Premières descriptions botaniques de l'edelweiss par Pietro Andrea Mattioli, d'abord sous *Leontopodium verum* (1571), puis *Leontopodium matthioli* (1590) (tiré de Theodorus, 1625).

Portrait d'Alexandre Henri Gabriel de Cassini (1781-1832) (photo Conservatoire et Jardin botaniques de la ville de Genève).

Par la suite, plusieurs botanistes ont élargi l'étude à tout le genre *Leontopodium*, dont certaines espèces asiatiques sont de nos jours parfois appelées à tort edelweiss, nom vernaculaire qu'il convient de réserver aux deux espèces occidentales. Le premier à consacrer une monographie au genre *Leontopodium* est le Genevois Gustave Beauverd (1867-1942), qui y distingue 19 espèces et décrit 12 variétés distinctes pour l'espèce *L. alpinum* (Beauverd, 1911). L'Autrichien Heinrich Freiherr von Handel-Mazzetti (1882-1940) publie une autre monographie sur le genre *Leontopodium* (Handel-Mazzetti, 1927), contestant la méthodologie de Beauverd qui était axée principalement sur les caractères floraux et sexuels. Handel-Mazzetti propose alors une autre clé de détermination et décrit 41 espèces de *Leontopodium*. Beaucoup plus récemment, et toujours en Autriche (Université de Vienne), une approche moléculaire basée sur les variations des séquences d'ADN a permis de distinguer 31 espèces dans le genre *Leontopodium* et d'en déduire les liens génétiques préliminaires (Blöch *et al.*, 2010 ; Safer *et al.*, 2011).

Gustave Beauverd (1867-1942) (photo Conservatoire et Jardin botaniques de la ville de Genève).

Heinrich Freiherr von Handel-Mazzetti (1882-1940) (photo Conservatoire et Jardin botaniques de la ville de Genève).

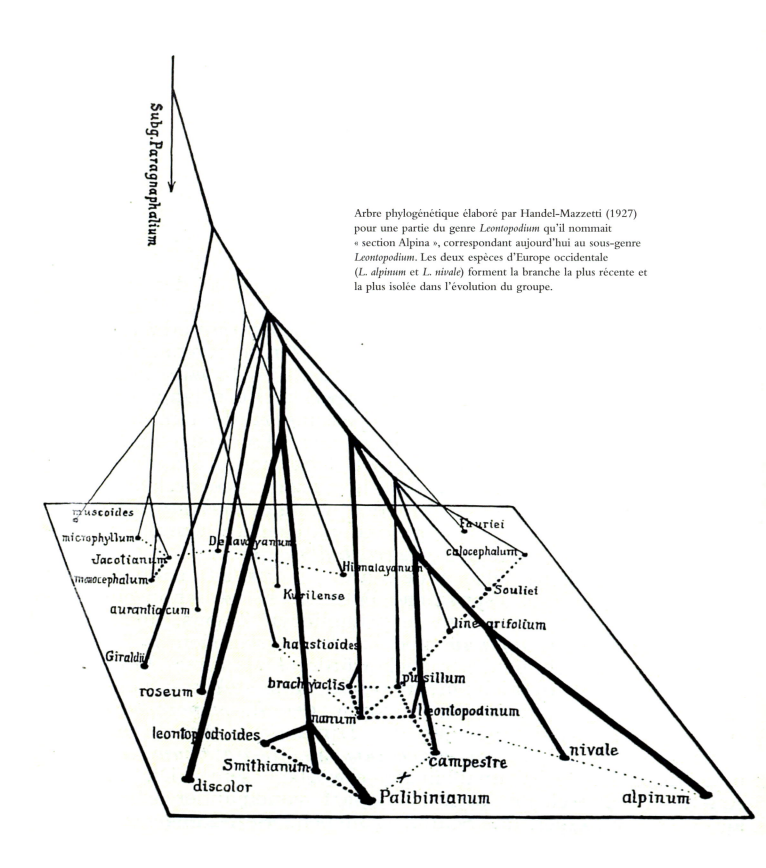

Arbre phylogénétique élaboré par Handel-Mazzetti (1927) pour une partie du genre *Leontopodium* qu'il nommait « section Alpina », correspondant aujourd'hui au sous-genre *Leontopodium*. Les deux espèces d'Europe occidentale (*L. alpinum* et *L. nivale*) forment la branche la plus récente et la plus isolée dans l'évolution du groupe.

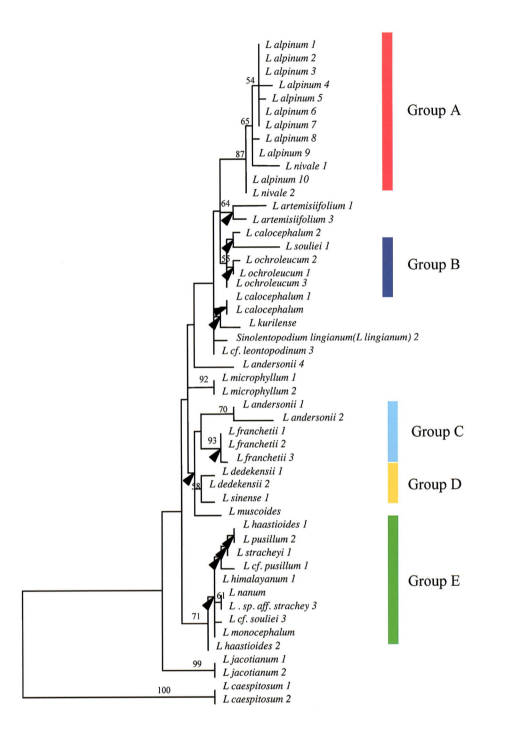

Arbre phylogénétique consensus basé sur le marqueur génétique ITS (*Internal Transcribed Spacer*) obtenu par Blöch *et al.* (2010) à l'Université de Vienne (Autriche). Les flèches indiquent des embranchements qui ne sont pas strictement soutenus statistiquement. Les deux espèces occidentales *L. alpinum* et *L. nivale* forment le groupe A, assez nettement distinct des autres groupes du genre (B-E).

La frontière botanique entre le genre *Leontopodium* et ses proches cousins est ténue, c'est pourquoi l'edelweiss a été classé autrefois par les botanistes dans les genres *Gnaphalium*, *Filago* ou *Antennaria*, arborant eux aussi une structure florale en fleurs tubulées et un aspect blanc-gris laineux. Appartenant à un genre botaniquement plus éloigné, l'*Evax pygmaea* (évax nain) localisé sur le pourtour méditerranéen n'en porte pas moins le nom vernaculaire d'edelweiss de la mer, tant la ressemblance de son inflorescence et la couleur grisâtre des bractées évoquent étrangement l'étoile argentée de l'edelweiss (*Leontopodium alpinum*).

Un exemple du genre *Antennaria*, le pied de chat dioïque (*Antennaria dioica*).

Un exemple du genre *Gnaphalium*, le gnaphale blanc jaunâtre (*Gnaphalium luteoalbum*).

Un exemple du genre *Filago*, la cotonnière des champs (*Filago arvensis*).

Un exemple du genre *Evax*, l'évax nain (*Evax pygmaea*).

Des organes adaptés

Afin de résister aux conditions climatiques extrêmes, chaque organe de l'edelweiss a développé ses particularités, de la graine au système racinaire en passant par les tiges, les feuilles et les fleurs.

Au commencement était la graine

Tombée à terre, une graine d'edelweiss ne peut germer que si elle se trouve dans un milieu favorable. Une petite racine principale se forme en même temps que les deux premières feuilles minuscules nommées cotylédons. La tige de l'edelweiss est tout d'abord souterraine : il s'agit d'un rhizome noirâtre duquel part un réseau de fines racines secondaires chevelues qui assurent à la plante un bon ancrage dans le sol. Comme chez de nombreuses plantes des milieux extrêmes, le rhizome lui permet de survivre à la mauvaise saison en sous-sol et de subsister ainsi plusieurs dizaines d'années (l'edelweiss est une plante hémicryptophyte, dont les bourgeons sont situés au niveau du sol ou juste au-dessous). La première année, des touffes de feuilles forment des rosettes qui sortent du rhizome, protégeant ainsi les bourgeons de la jeune plante des trop grandes différences de température. Plus ou moins glabres, les feuilles des rosettes sont visibles de mai à octobre. Leur activité photosynthétique fournit l'énergie nécessaire à la croissance du rhizome et des racines. Dès la deuxième année apparaissent les tiges aériennes, dont le nombre varie selon l'âge de la plante (jusqu'à 50 par rhizome). Elles sont le plus souvent velues et de couleur rougeâtre, atteignant une hauteur de 3 à 30 cm et portant des feuilles velues, alternes et étroitement lancéolées, allant jusqu'à 5 cm de long et 8 mm de large. Les feuilles sont blanches et laineuses en dessus, plus vertes au-dessous.

Germination de graines d'edelweiss en terrine.

Des rhizomes épais et noirâtres partent les racines et les axes végétatifs feuillés.

Feuilles de la rosette.

Tige florale avec feuilles duveteuses.

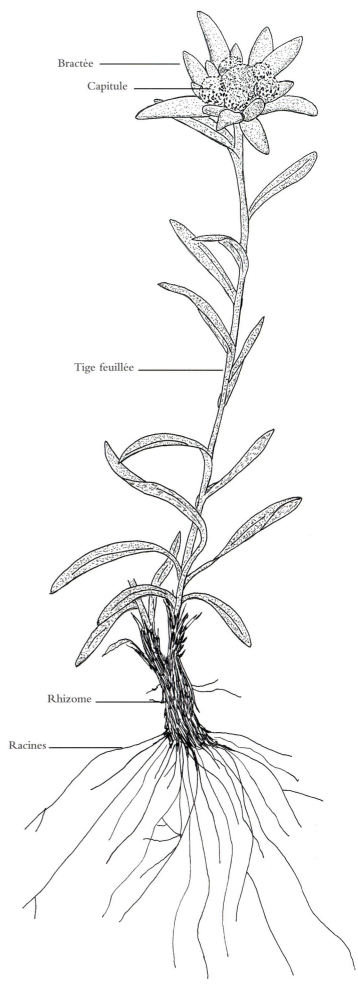

Les différents organes de l'edelweiss (dessin Sabine Rey).

En altitude, les premiers boutons floraux apparaissent vers le mois de juin. La pleine floraison s'observe dès la mi-juillet et dure de 30 à 40 jours.

Des bractées chatoyantes

Les bractées sont des feuilles transformées, souvent de couleur et d'aspect particulier, qui se trouvent à l'aisselle des fleurs. Chez l'edelweiss, les fleurs sont regroupées en inflorescences entourées de 5 à 15 bractées étalées donnant la forme caractéristique en étoile. Les bractées sont recouvertes sur leur face supérieure d'un enchevêtrement de poils blancs laineux, la face inférieure étant plus ou moins glabre avec une nervure marquée. La partie attractive et spectaculaire de l'edelweiss n'est donc pas formée par des pétales comme chez la majorité des fleurs, mais bien par des bractées blanches et duveteuses !

Stades floraux de l'edelweiss, du bouton à la pleine floraison d'une plante femelle.

Les bractées, en forme d'étoile, sont blanches et cotonneuses dessus, vertes dessous.

Un duvet anti-UV ?

L'edelweiss subit à haute altitude des conditions d'ensoleillement, de vent et de sécheresse extrêmes. Afin de se protéger, il a développé sur les tiges, les feuilles et surtout les bractées un duvet de poils blancs qui, contrairement à ce que l'on pourrait penser, ne le protège pas contre le froid, rôle assuré par la composition de sa sève, mais lui permet de limiter l'évaporation et surtout de se protéger contre les rayons ultraviolets (UV). En effet, des physiciens belges ont récemment démontré que la protection anti-UV de l'edelweiss relève principalement de la microstructure des poils du duvet (Vigneron *et al.*, 2005).

1

L'observation des filaments au microscope électronique à balayage a permis de mettre en évidence des fibres parallèles d'environ 0,18 µm de diamètre. Cette mesure correspond approximativement à la longueur d'onde des rayons UV-A et UV-B. Ce n'est donc pas la densité du duvet de filaments, mais bien les propriétés physiques de la microstructure de ceux-ci qui permettent à l'edelweiss de se protéger des rayons du soleil en absorbant les UV.

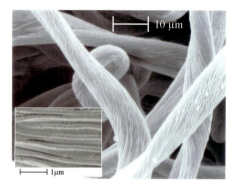

Filaments du duvet d'edelweiss observé au microscope électronique à balayage. La substructure du filament montre des côtes parallèles d'environ 0,18 µm de diamètre, ce qui correspond à la longueur d'onde d'absorption des rayons UV (photo Jean-Pol Vigneron).

2

La forme et la dimension des bractées blanches d'edelweiss varient beaucoup dans les sites et d'une plante à l'autre. Voici quelques formes particulières :

3

1 : Bractées en forme de coupe.
2 : Bractées étroites et allongées.
3 : Bractées retroussées.
4 : Bractées tronquées à la base, après la pluie (couleur verte aux extrémités).
5 : Bractées multiples.
6 : Bractées dentelées.
7 : Détail des bractées, dont les dentelles sont formées de touffes de poils partant du bord.

Au sein d'une même population, les bractées peuvent présenter une grande variabilité dans leurs formes et dans leurs dimensions. Elles sont tantôt courtes et arrondies, tantôt étroitement allongées. Leur angle d'étalement varie selon les individus et le stade de floraison. Leur pilosité cotonneuse blanche plus ou moins dense varie d'intensité selon l'altitude. Avec la pluie, les bractées présentent des zones souvent vertes aux extrémités. Parfois, les poils enchevêtrés se tressent en dentelles régulières sur le bord des bractées (plus rarement sur les feuilles de la tige), comme c'est le cas dans la station abyssale (située à une altitude nettement inférieure à la moyenne) de la gorge de Gondo sous le col du Simplon (Valais, Suisse). Cette variabilité morphologique n'a d'ailleurs pas passé inaperçue des anciens botanistes qui ont décrit et baptisé plusieurs variantes à la fin du 19e siècle et au début du 20e siècle, à l'exemple de la forme nommée *triflorum* par le chanoine Camille Carron en 1878.

Planche d'herbier du chanoine Camille Carron (1878) qui décrit la forme *triflorum* de *Leontopodium alpinum*, récoltée en nature au lac de Ferret à 2 500 m d'altitude (Valais) (photo Jardin botanique de l'Université de Zurich).

Une inflorescence d'edelweiss avec ses capitules primaires, secondaires et tertiaires, entourés de bractées duveteuses formant une étoile. La floraison débute sur le capitule central et se poursuit sur les capitules secondaires et tertiaires.

L'edelweiss n'est pas une fleur !

Cette affirmation de prime abord surprenante s'explique aisément : l'edelweiss est constitué d'un ensemble de 50 à 500 fleurs minuscules regroupées en 2 à 12 capitules (lat. *caput* = tête) entourés de 5 à 15 bractées blanches et duveteuses, le tout simulant une grande fleur pour attirer les insectes. L'inflorescence particulière de l'edelweiss s'appelle une incapitulescence (Jouy, 2010). Chacun des capitules (5-7 mm de diamètre) est constitué de 15 à 30 vraies fleurs minuscules, densément groupées. C'est sur les plantes de culture que l'on compte le plus grand nombre de fleurs par capitule. Chaque fleur est composée de 20 à 25 soies blanches, filiformes et denticulées, entourant un tube de pétales jaunâtres soudés en entonnoir, qui contient à son tour le pistil et/ou les étamines. En effet, les fleurs de l'edelweiss sont le plus souvent hermaphrodites (mâle et femelle, constituées du pistil et des étamines) et très rarement unisexuées (pistil uniquement). Curieusement, chez les fleurs femelles, les pétales sont au nombre de quatre et le pistil se prolonge par un stigmate bifide, tandis que chez les fleurs hermaphrodites, les pétales sont au nombre de cinq et le pistil se prolonge par un stigmate en forme de massue. Les étamines sont constituées de cinq anthères (partie terminale qui renferme le pollen) soudées en tube. A maturité, elles libèrent les grains de pollen de couleur jaune au passage du stigmate arrivé aussi à maturité. Une autofécondation peut alors se produire. En règle générale, sur chaque capitule, central ou périphérique, les fleurs sont hermaphrodites au centre et femelles sur le pourtour. D'autre part, les femelles fleurissent en premier, puis suivent les hermaphrodites. Ce décalage de maturité sexuelle évite l'autofécondation au sein d'un même capitule. Dans certains cas, il arrive même que toutes les fleurs d'une plante soient exclusivement hermaphrodites ou exclusivement femelles (il n'existe pas de fleurs uniquement mâles chez l'edelweiss). A l'intérieur d'un seul capitule, les fleurs ont un développement et un épanouissement centripète (de l'extérieur vers le centre), tandis que dans l'ensemble de l'inflorescence, la floraison est dite centrifuge : le capitule central fleurit en premier, puis les capitules du pourtour, avec une parfaite hiérarchie de développement. Dans la nature, les premières fleurs n'apparaissent généralement qu'à partir de la troisième année.

1 : Fleurs tubulées femelles sur le capitule central, surmontées d'un stigmate bifide blanc. Les fleurs hermaphrodites apparaîtront 4 ou 5 jours plus tard !

2 : Fleurs tubulées femelles avec les stigmates filiformes dressés, sur le capitule central (*Leontopodium alpinum*, variété 'Helvetia') (photo Pascal Sigg).

3 : Fleur tubulée femelle à 4 pétales contenant le pistil, dont seul le stigmate bifide dépasse la corolle, entourée de soies denticulées.

4 : Fleurs tubulées hermaphrodites jaunes sur le capitule central, à maturité. Les stigmates des fleurs femelles sont déjà fanés !

5 : Fleurs hermaphrodites sur le capitule central. On aperçoit les cinq pétales de chaque fleur et les stigmates en massue entourés d'étamines (*Leontopodium alpinum*, variété 'Helvetia') (photo Pascal Sigg).

6 : Fleur tubulée hermaphrodite à cinq pétales, contenant une colonne jaune dans laquelle se trouvent les étamines et le pistil, entourée de soies denticulées.

Bractéoles entourant les capitules de fleurs avant l'ouverture des corolles.

Les bractéoles

Si les feuilles transformées entourant l'inflorescence sont appelées bractées, celles qui forment une collerette entourant les capitules de fleurs à l'intérieur de l'inflorescence se nomment bractéoles. Avant l'ouverture des corolles, elles sont visibles sous forme de petites écailles allongées, pointues et noirâtres, recouvertes de poils laineux blancs à la face extérieure. Après la dissémination des semences, leur face intérieure forme une sorte de coupe évasée autour du réceptacle dénudé.

Bractéoles noirâtres entourant les capitules de fleurs après la dissémination des semences.

Pollinisé par des mouches ?

L'edelweiss attire une multitude d'insectes, en particulier des mouches (*Muscidae*) qui sont sensibles à la douce odeur de miel (2-phényléthanol et acide phényacétique) mélangée à l'âcre odeur de transpiration (acide 3-méthyl-2-penténoïque et acide butyrique) que dégagent ses fleurs (Erhardt, 1993). Des recherches ont même montré que les acides aminés qui composent le nectar d'edelweiss sont spécifiquement nécessaires au métabolisme des mouches, qui assurent le 88 % de la pollinisation de l'edelweiss (Erhardt, 1993). Quant aux bractées duveteuses, elles jouent le double rôle d'attraction visuelle et de piste d'atterrissage.

Attirées par l'odeur de miel et de transpiration de l'edelweiss, ce sont principalement les mouches qui fécondent les fleurs.

Les fleurs d'edelweiss reçoivent également d'autres visiteurs tels que ce coléoptère (*Oxythyrea funesta*), l'araignée rouge ou la punaise.

Graines d'edelweiss sur papier millimétré.

Graines parachutées

Les fruits de l'edelweiss sont des graines rigides et indéhiscentes (qui ne s'ouvrent pas) d'environ 1,5 mm de long et de couleur brune que l'on nomme akènes. Ils sont surmontés d'une aigrette (sorte de petit parachute) nommée pappus, correspondant au dessèchement des soies blanches denticulées entourant les fleurs et permettant la dissémination des graines par le vent. Une fleur fécondée ne produit qu'une seule graine. Sa maturation nécessite vingt à trente jours.

A maturité des graines, les soies denticulées s'ouvrent en parachute facilitant leur envol.

Où pousse l'edelweiss ?

Charly Rey, Sabine Rey, José F. Vouillamoz

Habitat

L'edelweiss se trouve généralement dans les étages de végétation subalpin et alpin, entre 2000 et 3000 mètres d'altitude. Dans sa distribution globale (voir le chapitre Classification et répartition), la station la plus élevée se trouverait à 3140 m, à l'Oberrothorn au-dessus de Zermatt (Valais, Suisse), et la station la plus basse se situerait à 220 m, à Most na Soči (Slovénie) (Hegi, 1927). En Suisse, l'edelweiss a été observé à la fin du 19e siècle à 469 m d'altitude près de Vétroz, dans la plaine du Rhône, mais il y a aujourd'hui disparu. Actuellement, la station valaisanne la plus basse se trouve dans la gorge de Gondo au sud du Simplon, à 1000 m d'altitude.

L'edelweiss en situation d'altitude.

L'edelweiss en situation abyssale.

L'edelweiss affectionne particulièrement les pelouses rocailleuses ensoleillées et les rochers exposés de nature calcaire, souvent abrupts et inaccessibles, des hautes montagnes et des régions arctiques à climat relativement continental. Cependant, il n'est pas rare de l'observer en marge des pâturages. Les conditions écologiques optimales pour l'edelweiss sont : sécheresse modérée, sol maigre et moyennement riche en bases (pH 5,5-8), bonne exposition à la lumière mais supportant temporairement l'ombre (Lauber et Wagner, 2007). Des recherches sont actuellement en cours afin de mieux comprendre l'écologie de l'edelweiss (Keller et Vittoz, 2009).

La station la plus basse jamais enregistrée en Suisse se trouvait à 469 m d'altitude, dans les marais de Praz-Pourris situés sur la commune de Vétroz. Cette station a aujourd'hui disparu et il n'en subsiste que la part d'herbier récoltée par le botaniste genevois Gustave Beauverd en 1897 (photo Conservatoire et Jardin botaniques de la ville de Genève).

L'edelweiss en compagnie de la seslérie bleuâtre (*Sesleria caerulea*, *Poaceae*), dont les épis menus et compacts se voient ici dans le ciel (alliance phytosociologique du *Seslerion*).

Les plantes compagnes

Chaque milieu naturel peut être caractérisé par un petit groupe d'espèces formant une communauté végétale typique : on parle alors de phytosociologie. L'edelweiss se retrouve principalement dans deux milieux phytosociologiques distincts (Delarze et Gonseth, 2008) :

L'edelweiss en compagnie de l'élyna fausse queue de souris (*Elyna myosuroides, Cyperaceae*), de couleur rousse à la fin de l'été (alliance phytosociologique de l'*Elynion*).

- La pelouse calcaire sèche à seslérie (alliance du *Seslerion*) est dominée par deux espèces caractéristiques : la seslérie bleuâtre (*Sesleria caerulea, Poaceae*) et la laiche toujours verte (*Carex sempervivens, Cyperaceae*). Ce type de pelouse alpine présente une structure conditionnée par la dominance de plantes poussant en touffes (cespiteuses) et formant souvent des gradins parallèles aux courbes de niveau sous l'effet de phénomènes de glissement très lent du sol (solifluxion). Le sol est plutôt superficiel et séchard, souvent très caillouteux. Cette pelouse occupe des pentes pierreuses calcaires ou dolomitiques, en général dans des situations ensoleillées ;

- Le gazon des crêtes ventées (alliance de l'*Elynion*) présente des touffes denses d'élyna fausse queue de souris (*Elyna myosuroides, Cyperaceae*), au feuillage brunâtre, raide et coriace. Entre ces touffes croissent des plantes basses et des lichens. Ce groupement spécialisé n'occupe que des surfaces restreintes sur des crêtes soumises à un microclimat continental. L'absence de couverture neigeuse en hiver expose le milieu à des températures très basses ainsi qu'à l'action desséchante et érosive du vent. Ce gazon ne colonise pas les substrats purement minéraux. Le sol, riche en bases et en terre fine, est souvent hérité d'une période où les conditions locales étaient moins sévères.

La structure en gradins des milieux propices à l'edelweiss offre une diversité de microclimats favorable à de nombreuses espèces du complexe alpin européen, dont certaines sont très localisées, rares ou menacées.

Quelques plantes compagnes de l'edelweiss

1 et 2 : L'edelweiss se trouve très souvent en compagnie de l'aster des Alpes (*Aster alpinus, Asteraceae*) dans la pelouse calcaire sèche à seslérie.

3 : L'œillet des rochers (*Dianthus sylvestris*, Caryophyllaceae), aux fleurs roses.

4 : La dryade à huit pétales (*Dryas octopetala*, Rosaceae).

5 : La gentiane champêtre (*Gentiana campestris*, Gentianaceae) fleurit près de l'edelweiss en fin d'été.

6 : La joubarbe des montagnes (*Sempervivum montanum*, *Crassulaceae*).
7 : La tête de dragon de Ruysch (*Dracocephalum ruyschiana*, *Lamiaceae*).
8 : La parnassie des marais (*Parnassia palustris*, *Saxifragaceae*).
9 : Le pied de chat dioïque femelle (*Antennaria dioica*, *Asteraceae*).

10 : La potentille luisante (*Potentilla nitida*, Rosaceae), aux fleurs roses (photo Joseph Thierrin).

11 : Le genépi blanc (*Artemisia umbelliformis*, Asteraceae).

12 : Le genépi des glaciers (*Artemisia glacialis*, Asteraceae).

13

14

13 : La saxifrage paniculée (*Saxifraga paniculata*, Saxifragaceae), à fleurs blanches.
14 : La campanule alpestre (*Campanula alpestris*, Campanulaceae).

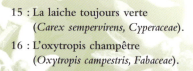

15 : La laiche toujours verte
(*Carex sempervirens, Cyperaceae*).

16 : L'oxytropis champêtre
(*Oxytropis campestris, Fabaceae*).

17 : L'œillet œil-de-paon (*Dianthus pavonius*, *Caryophyllaceae*) et le buplèvre à feuilles étroites (*Bupleurum ranunculoides*, *Apiaceae*).

18 : La gypsophile rampante (*Gypsophila repens*, *Caryophyllaceae*) et la joubarbe aranéeuse (*Sempervivum arachnoideum*, *Crassulaceae*).

Statuts de protection

En raison de l'attractivité de l'edelweiss et de sa relative rareté, la cueillette a été sévèrement réglementée dans tout l'arc alpin dès la fin du 19e siècle, tout d'abord dans le canton suisse d'Obwald en 1878, puis en Autriche, où l'edelweiss est protégé sur tout le territoire depuis 1886, et ensuite dans pratiquement toute l'aire de distribution des deux espèces, *Leontopodium alpinum* et *Leontopodium nivale*.

* Au niveau national, l'edelweiss n'est paradoxalement pas protégé en Suisse, mais il l'est par contre dans chaque canton où il se trouve.

[1] Nikolić et Topić (2005).
[2] Stevanović et Stevanović (1999).
[3] Witkowski *et al.* (2003).
[4] Petrova et Vladimirov (2009).

Statuts actuels de protection de l'edelweiss (*Leontopodium alpinum* et *L. nivale*) dans toute sa distribution, classés par espèces puis par chaînes de montagne d'ouest en est.

Leontopodium alpinum

Chaîne	Pays	Région principale	Statut de protection
Pyrénées	Espagne	Pyrénées aragonaises (Parc national d'Ordesa)	Protection totale
	France	Pyrénées centrales	Cueillette interdite ou strictement limitée
Jura	France	Jura	Cueillette autorisée d'une poignée par personne
	Suisse	Jura	Protection cantonale★
Alpes	France	Hautes-Alpes	Cueillette interdite ou strictement limitée
	France	Alpes de Haute-Provence	Cueillette autorisée jusqu'à 10 fleurs/personne
	France	Isère, Savoie, Haute-Savoie, Dauphiné, Basses-Alpes, Alpes-Maritimes	Cueillette autorisée d'une poignée par personne
	Suisse	Valais, Grisons, Tessin, Berne	Protection cantonale★
	Italie	Tyrol du Sud, Frioul	Rare et menacé, protection totale
	Slovénie	Gorizia, Gradisca, Carniola	Protection totale
	Allemagne	Alpes bavaroises, Vorarlberg	Très en danger, protection totale
	Autriche	Vorarlberg, Kalk-Hochalpen, Tyrol, Styrie, etc.	Protection totale
Apennins ligures	Italie	Mont Antola (disparu?)	Protection totale
Alpes dinariques	Croatie	Velebit, Kapela	En danger, protection stricte [1]
	Bosnie-Herzégovine	Osječenica, Šator, Dinara, Troglav, Mont Cvrsnica	En danger, protection stricte
	Monténégro	Ranišava, canyons de la Tara et la Piva	Protection totale
	Serbie	Monts Zlatar, Mont Kopaonik, Mont Javor, Mont Mučanj, canyon Beli Rzav (entre Zaovine et Kotroman)	En danger, protection stricte [2]
	Albanie	Trojan	Probablement disparu
Carpates	Roumanie	Transylvanie	En danger, protection stricte [3]
	Pologne	Parc national du Tatras	Pas de protection [3]
	Slovaquie	Mont Kriváň (Grand Tatras)	Menacé, protection stricte [3]
	Ukraine	Monts de Tchornohora dans le Zakarpattya Oblast	Menacé, protection stricte [3]
Apennins	Italie	Abruzzes, Molise	Rare et menacé, protection totale
Balkans	Bulgarie	Parc national du Pirin, Grand Balkan	En danger, protection totale [4]
	Kosovo	Mont Shljeb près de Peć (en serbe) ou Pejë (en albanais)	Protection totale [2]

Edelweiss en Suisse, en Italie et en France : quelques coins des auteurs

Charly Rey, Sabine Rey

En Suisse

L'aire de distribution de l'edelweiss couvre tous les cantons alpins. Avec un bon sens de l'observation, il est tout à fait aisé de découvrir l'edelweiss dans plusieurs régions des Alpes sur les nappes calcaires et sur les calcschistes.

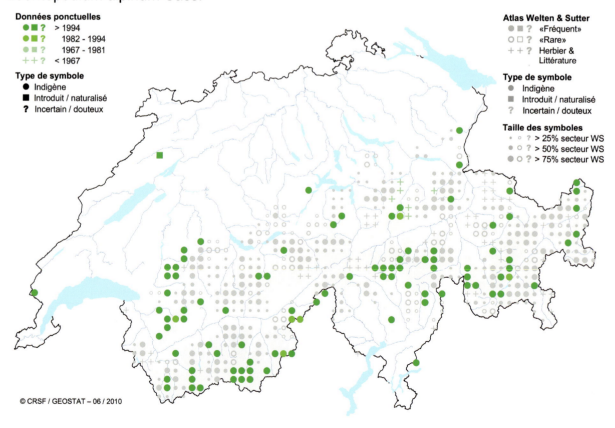

Carte de répartition de *Leontopodium alpinum* établie par le Centre du réseau suisse de floristique (CRSF).

Dans les Alpes bernoises

1 : **Tsa di Fayes sur Sanetsch.** Cette barre rocheuse de calcaire de la nappe du Wildhorn exposée au sud recèle une belle population d'edelweiss.

2 : Une inflorescence d'edelweiss dans ce site.

3 : **La Chaux de Mié sur Conthey**. Ce site représente aujourd'hui un alpage à moutons. On y accède depuis Derborence en passant par le Poteu des Etales, sorte de cheminée sécurisée. De la Chaux de Mié, on peut rejoindre le col du Sanetsch et la cabane de Prarochet.

4 : La taille des plantes d'edelweiss dans ce site est spectaculaire, ce qui le rend aisé à photographier.

5 : Une touffe d'edelweiss.

5

6 : Détail de la floraison d'edelweiss.

7 : Le gypaète barbu (*Gypaetus barbatus*) fréquente régulièrement les barres rocheuses de ce site à edelweiss.

8 et 9 : **Derochia au-dessus des Mayens de Montbas sur Derborence.**
Ce site est difficilement accessible. Le Derochia est un passage non balisé allant des Mayens de Montbas, que l'on voit ici en contrebas, à l'ancien alpage de Cindo (1940 m) et à l'alpage de la Chaux de Lodze (2178 m). Il est déconseillé aux personnes sujettes au vertige !

10 : Dans ce site escarpé, les touffes d'edelweiss sont vigoureuses et les inflorescences parfois difformes.

11 : **Le Petit Cor sur Sorniot (Fully)**. Le Petit Cor est le nom de ces pelouses ensoleillées situées au fond du cirque de Sorniot. A l'arrière se détachent le Six du Doe et le Grand Chavalard (à droite).

12 : Près de quelques touffes d'edelweiss, l'accenteur alpin (*Prunella collaris*) affectionne aussi le milieu du Petit Cor.

13 : L'edelweiss se fait rare au Petit Cor et s'installe sur des sols calcaires. Le lichen orange (*Xanthoria elegans*) sur les pierres est indicateur de carbonates. L'edelweiss se trouve ici en compagnie de l'élyna fausse queue de souris à gauche (*Elyna myosuroides, Cyperaceae*) et de la fétuque naine à droite (*Festuca quadriflora, Poaceae*).

14 : **Bella Crêta sur la Dent de Morcles**. Le sentier chemine entre les vires à edelweiss, au pied d'une nappe calcaire. Dans les rochers de la Petite Dent de Morcles se dessine un magnifique pli géologique.

14

15 : On devine quelques plantes sèches d'edelweiss en compagnie de l'élyna fausse queue de souris (*Elyna myosuroides, Cyperaceae*), de couleur rousse en septembre. Depuis cette vire herbeuse près de Rionda, on voit la plaine du Rhône, le lac Léman et le Jura en arrière-plan.

16 : Une grande touffe d'edelweiss comprenant une quarantaine de tiges florales avec à l'arrière-plan le massif du Trient et le Mont-Blanc.

17 : L'edelweiss est dans ce site en compagnie de la rare tête de dragon de Ruysch (*Dracocephalum ruyschiana, Lamiaceae*) de couleur bleue.

Dans les Alpes valaisannes

1 : Rencontre de deux mythes : le Cervin (4476 m alt.) et l'edelweiss, illustrés sur une carte postale trouvée dans une brocante parisienne par Michel Gaboly.

2 : **Zermatt.** Rencontre de deux mythes : le Cervin (4476 m) et l'edelweiss. Deux plantes d'edelweiss au-dessus de Zmutt devant le Cervin.

3 : **Gorge de Gondo.** Dans ce massif de roches gneissiques de la gorge de Gondo, près de la frontière italienne, se trouve une station abyssale d'edelweiss descendant à 1000 m d'altitude.

4 : Dans la gorge de Gondo, les plantes présentent le plus souvent des bractées florales et des feuilles caulinaires dentelées.

5 : Une plante d'edelweiss pousse en compagnie de la saxifrage cotylédon (*Saxifraga cotyledon*, *Saxifragaceae*), une espèce croissant strictement sur des roches siliceuses (acides) : un véritable paradoxe pour l'edelweiss, qui est inféodé aux roches calcaires ! La dissolution des carbonates de roches calcaires à l'amont et l'écoulement vers l'aval par les précipitations expliqueraient sa présence dans cette gorge fraîche.

6 : **Mattmark**. Devant le barrage hydroélectrique, le glacier de l'Allalin en fondant laisse la place à des roches et à des graviers appréciés par les plantes d'edelweiss qui s'y installent. Les talus du barrage sont aussi colonisés par des touffes d'edelweiss.

8

7 : L'edelweiss fleurit à Mattmark parmi les épilobes de Fleischer (*Epilobium fleischeri, Onagraceae*).

8 : Dans les rochers calcaires de Mattmark croît souvent en compagnie de l'edelweiss la primevère de Haller (*Primula halleri, Primulaceae*) aux fleurs roses.

9 : Les fleurs d'edelweiss sont visitées par une fourmi ailée (Mattmark, Valais).

10 : Au crépuscule, l'étagne (bouquetin femelle) et ses petits broutent sur une arête (Mattmark, Valais).

11 : **Moiry sur Grimentz (Val d'Anniviers)**. Sur l'alpage de Châteaupré (2450 m), face au glacier de Moiry, les blocs de calcschistes recèlent de beaux edelweiss.

12 : Edelweiss observés sur un rocher de Moiry.

13 : Des edelweiss se détachent dans le ciel bleu avec le glacier de Moiry en arrière-plan.

14 : Edelweiss photographiés au-dessus de Moiry.

15 : A Moiry, parmi les plantes compagnes, on peut observer la rare saussurée des Alpes (*Saussurea alpina, Asteraceae*), visitée ici par un nacré alpin (*Boloria pales*).

16 : **Tsa de Volovron sur Evolène (Val d'Hérens).** *Tsa* est un terme du patois valaisan désignant un pâturage élevé où le bétail séjourne en août. La Tsa de Volovron se situe face à la Dent Blanche (4357 m) à gauche, à la Dent d'Hérens (4171 m) à droite et aux glaciers du Plateau d'Hérens et de Ferpècle, devant. Une touffe d'edelweiss sur ce bloc de calcschiste recouvert de lichens orange (*Xanthoria elegans*).

17 : Les edelweiss n'ont rien à envier à la beauté des pierres empilées, incrustées de lichens, de ce cairn historique.

18 : Dans cette pelouse alpine de la Tsa de Volovron où dominent la seslérie bleuâtre (*Sesleria caerulea, Poaceae*) et l'élyna fausse queue de souris (*Elyna myosuroides, Cyperaceae*), les nombreux points blancs sont des edelweiss ! Le survol des chocards à bec jaune (*Pyrrhocorax graculus*) et des craves à bec rouge (*Pyrrhocorax pyrrhocorax*) y est fréquent.

19

19 : Le domaine de l'edelweiss est aussi celui du chamois, qui s'enfuit avec élégance à notre approche (photo Giorgio Skory).

20 : Dans ce décor, la photographie est un réel plaisir (photo Giorgio Skory).

21 : Une touffe d'edelweiss en début de floraison.

22 : Pente piquée d'edelweiss.

23 : **Grande Dixence**. La Grande Dixence est un barrage hydroélectrique au fond du Val d'Hérens. Sur les rochers et sur les gravats laissés par sa construction fleurissent de nombreux edelweiss et genépis (*Artemisia umbelliformis* et *A. spicata*, *Asteraceae*).

24 : Détail d'un edelweiss au coucher du soleil (photo Nestor Carballo).

24

25 : **Pierre Avoi sur Verbier**. La Pierre Avoi (2473 m) est un rocher calcaire qui domine la plaine du Rhône à la hauteur de Saxon (Valais central).

26 : On y rencontre des touffes d'edelweiss en compagnie de la rare saxifrage fausse diapensie (*Saxifraga diapensioides, Saxifragaceae*), reconnaissable aux coussinets de petites feuilles bleutées et aux calices jaunâtres (photo Claude-Alain Carron).

27 : Sur la face nord, la paroi verticale haute de 200 m est bien connue pour ses voies d'escalade. Dans les rochers abrupts fleurit l'edelweiss (photo Claude-Alain Carron).

28 : **La Tsessette sur Mauvoisin (Val de Bagnes)**. Une importante population d'edelweiss se rencontre dans la pelouse alpine sur calcschistes de la Tsessette, pâturage alpin suspendu au-dessus du lac de Mauvoisin (2500 m) et situé en face du Pleureur (3703 m) et du glacier du Giétro (à droite).

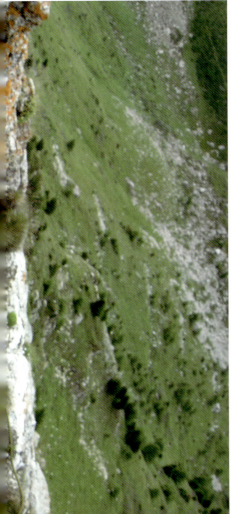

28

29 : Une touffe d'edelweiss dans les rochers un jour de pluie.
30 : Détail d'un edelweiss.
31 : Les montagnards connaissent les sites à edelweiss, qu'ils revisitent avec plaisir. A l'arrière-plan, le glacier d'Epicoune.

Dans le Jura

Sur la chaîne montagneuse calcaire du Jura, l'edelweiss est très rare. Il se rencontre sur la partie sommitale rocheuse sud-est de la Dôle, qui culmine à 1677 m. Situé sur le Jura vaudois, ce sommet fait frontière entre la Suisse et la France. Il domine la Côte lémanique et le lac Léman, et fait face à la Haute-Savoie et au Mont-Blanc (4807 m), qu'on distingue en arrière-plan.

L'edelweiss est connu à la Dôle déjà au milieu du 19e siècle.

En Italie
En Vallée d'Aoste

1 : **Val de Rhêmes.** Sur l'Alpe de Fos au-dessus de Rhême-Notre-Dame, l'edelweiss se mêle parfois à la gentiane asclépiade (*Gentiana asclepiadea, Gentianaceae*) aux fleurs bleues, une espèce préférant l'humidité.

2 : **Valpelline.** L'alpage des Thoules en Valpelline (à gauche), au fond de la Combe de By, héberge de petites colonies d'edelweiss. A l'arrière-plan, le col de Fenêtre Durand (2805 m), le Mont Gelé à droite (3518 m), le Mont Avril (3346 m) dans le nuage à gauche. Au premier plan, la Pointe d'Ollomont (2721 m).

Au col d'Agnello

3 : Sur la montée au col d'Agnello, reliant la région de Cuneo dans le Piémont au Queyras dans les Hautes-Alpes françaises, des touffes d'edelweiss fleurissent sur les pentes rocheuses riches en spécialités botaniques.

4 : Dans ce site, l'edelweiss côtoie souvent l'œillet œil-de-paon (*Dianthus pavonius*, Caryophyllaceae).

En France
Au col du Mont-Cenis

1 : Ce site à edelweiss domine le barrage hydroélectrique du Mont-Cenis.

2 : Un détail d'une plante d'edelweiss.

Cultiver le mythe

José F. Vouillamoz, Claude-Alain Carron, Catherine A. Baroffio

De la nature à la culture

La domestication et la sélection des plantes représentent deux étapes successives d'un long processus faisant suite à la simple cueillette. La domestication (lat. *domesticus*, de *domus* = maison) consiste en la mise en culture par l'homme d'une plante sauvage, tandis que la sélection (lat. *selectio* = choix, tri) consiste en l'amélioration des caractéristiques de la plante en vue d'optimiser sa culture. Dans le cas de l'edelweiss, l'avantage de la domestication réside en premier lieu dans la protection de cette espèce dans son milieu naturel en réduisant la cueillette sauvage, interdite ou fortement limitée dans tout l'arc alpin. Cette première étape de mise en culture a déjà été effectuée à maintes reprises, que ce soit dans les jardins botaniques alpins ou dans les rocailles ornementales. Selon Henry Correvon (1895), fondateur et premier directeur du jardin botanique alpin de La Linnaea à Bourg-Saint-Pierre (Valais, Suisse), les premières rocailles de plantes alpines ont vu le jour au cours du 16e siècle en Angleterre, tandis qu'en Europe continentale, l'intérêt pour les plantes alpines n'aurait débuté que vers le milieu du 19e siècle. En effet, la culture de l'edelweiss pour les rocailles ornant les habitations est relativement aisée à réaliser. En plaine, il a tendance à perdre un peu de sa superbe, comme en avaient déjà fait l'expérience Nicholson et Mottet (1892) des Jardins royaux de Kew à Londres, tandis qu'en milieu alpin la plante conserve tout son éclat, comme en témoignait Correvon (1901) : *à la Linnaea, c'est dans les plates-bandes du sommet, en plein soleil et balayée par les vents violents, que la plante acquiert son éclat le plus velouté*. Toujours est-il que lorsque l'edelweiss est cultivé à plus large échelle, il montre une grande variabilité de taille et d'aspect qui reflète la biodiversité initiale de la plante sauvage. Dans le but d'obtenir une culture homogène, un programme de sélection a été mis sur pied dès 1993 par Charly Rey au Centre de recherche Conthey d'Agroscope Changins-Wädenswil ACW.

La sélection de la variété 'Helvetia': 10 ans de gestation

Domestication

Au début des années 1990, des firmes suisses montrent un intérêt grandissant pour la production agronomique d'edelweiss : d'abord Weleda pour la cosmétique, puis Ricola pour la production de bonbons et enfin Alpaflor pour des extraits destinés à la cosmétique. Afin d'offrir aux industriels et aux agriculteurs de montagne une variété d'edelweiss homogène et bien caractérisée, le Centre de recherche Conthey d'ACW se lance dès 1993 dans un programme de sélection à partir de semences provenant du commerce et de populations valaisannes naturelles (Fenêtre de Durand, entre le Valais et la Valpelline ; Moiry, Val d'Anniviers ; Cabane des Violettes, sur Montana). L'objectif est d'obtenir une variété riche en principes actifs, adaptée à la culture biologique à l'étage montagnard (1000-1500 m) et qui conserve la morphologie typique des plantes sauvages. La première phase de ce programme a lieu à la Cabane des Violettes (2208 m), où les plantes montrent une croissance très lente et ne produisent que peu de biomasse, principalement en raison de la couche de terre arable très faible et de la période de végétation courte.

Le premier essai de plantation d'edelweiss effectué par la station de recherche Agroscope Changins-Wädenswil ACW a lieu à la Cabane des Violettes (2208 m) au-dessus de Montana (Valais) (septembre 1997).

La deuxième phase du programme prend place dès 1994 au domaine ACW de Bruson (Valais, 1100 m), dont l'altitude correspond mieux aux régions potentielles pour une production agronomique. Dans ces conditions expérimentales, la composition chimique des plantes reste homogène, tandis que les rendements en inflorescences sont extrêmement variables, les plantes d'origine commerciale étant jusqu'à trente fois plus productives que certaines d'origine sauvage. Dès lors, la nécessité de rechercher une variété typique, régulière, productive, riche en principes actifs et résistante aux maladies se fait de plus en plus pressante (Rey et Slacanin, 1999).

L'hétérogénéité des premières cultures d'edelweiss : la taille, la vigueur et la période de floraison diffèrent.

La firme Alpaflor a soutenu financièrement le programme d'amélioration variétale. C'est une particularité biologique des fleurs d'edelweiss (voir le chapitre Des organes adaptés) qui a permis de faciliter grandement la sélection. En effet, les inflorescences d'edelweiss sont généralement hermaphrodites (mâle et femelle), mais de rares plantes ayant des inflorescences entièrement femelles ont été observées aussi bien dans la nature que dans le commerce. En 1999, l'agronome-botaniste Charly Rey isole des edelweiss entièrement femelles et les féconde avec du pollen de fleurs hermaphrodites. En 2000, il obtient 19 plantes hybrides dont la composition chimique et les aptitudes culturales sont évaluées sur trois saisons. En comparaison avec d'autres plantes issues de semences commerciales ou sauvages, les nouveaux hybrides montrent un rendement nettement supérieur et une croissance plus régulière. Le meilleur d'entre eux est baptisé 'Helvetia' en 2003, soit exactement dix ans après le début du programme de sélection. Ce nouvel hybride se caractérise par une germination excellente, un bon comportement agronomique à moyenne altitude (1000-1500 m), une croissance régulière, une bonne homogénéité et des inflorescences nombreuses qui conservent l'aspect typique des fleurs en nature. En outre, grâce à une teneur en principes actifs stable et élevée, il présente l'avantage d'offrir aux industriels une matière végétale de grande qualité (Carron *et al.*, 2007). Sexuellement, les plantes de la variété 'Helvetia' présentent curieusement des individus entièrement hermaphrodites ou entièrement femelles. Cette dioécie s'observe aussi sur des espèces asiatiques telles que *Leontopodium souliei, L. palibinianum, L. discolor*, etc.

1 : Inflorescence hermaphrodite : le capitule central (groupe de petites fleurs) de couleur brune est déjà fécondé. Dans les cinq capitules périphériques, les styles (organes femelles) se chargent de pollen jaune en traversant la collerette d'étamines (organes mâles) (photo Claude-Alain Carron).

2 : Inflorescence femelle : les styles bifides (organes femelles) visibles ont besoin du pollen d'une autre plante pour que la fécondation ait lieu (photo Claude-Alain Carron).

3 : La première microparcelle d'edelweiss 'Helvetia' à Bruson, au stade de la récolte, en pleine floraison.

Le premier champ de production d'edelweiss 'Helvetia' à Reppaz sur Orsières au stade de la récolte, en pleine floraison. La culture en troisième année de production est conduite en plates-bandes de deux rangs (photo Claude-Alain Carron).

Dès 2004, des semences de la variété 'Helvetia' sont commercialisées par le grainetier fribourgeois DSP (Delley semences et plantes SA), et le premier champ d'edelweiss 'Helvetia' est planté en 2005 à Orsières (Valais). Cette variété est désormais produite par tous les agriculteurs de la coopérative Valplantes à Sembrancher, fournissant les firmes cosmétiques et agroalimentaires. Dès 2009, les semences sont commercialisées par mediSeeds à Conthey.

Les cultures commerciales

Parallèlement aux travaux d'amélioration variétale, la coopérative Valplantes lance déjà les premières cultures agronomiques d'edelweiss dès le milieu des années 1990 avec le support technique des agronomes d'ACW. Les premiers champs sont implantés à l'étage montagnard avec des semences d'origine du commerce. Les travaux d'entretien des cultures et de récolte s'effectuent en famille, manuellement. Suite au succès des premières plantations à Orsières, la culture d'edelweiss s'étend à d'autres sites du Valais et couvre aujourd'hui environ deux hectares, exploités par une vingtaine de producteurs de la coopérative Valplantes et exclusivement cultivés selon les méthodes de l'agriculture biologique.

Au cours de ces années, la technique culturale a évolué, les plantations monolignes ont été remplacées par des cultures en plates-bandes de deux ou trois rangs. Une partie des travaux de désherbage et le travail du sol s'effectuent désormais mécaniquement, avec une sarcleuse portée par un tracteur. Avec la nouvelle variété 'Helvetia', dont le stade de floraison est homogène, des essais de récolte mécanique ont été réalisés. Cette opération reste délicate, en raison de la haute qualité recherchée par les industriels. Suivant les exigences des marchés, elle présente néanmoins pour certains d'entre eux une solution pour abaisser les coûts de production. Grâce au dynamisme des agriculteurs et à l'excellente collaboration au sein de la filière regroupant la recherche et les acheteurs, une quinzaine d'années ont suffi pour passer des premiers essais à la production agronomique.

Plus récemment, une première culture d'edelweiss a été installée avec succès au Peu-Girard (Les Breuleux, Jura, Suisse).

La récolte manuelle des inflorescences d'edelweiss se fait en famille (photo Claude-Alain Carron).

Champ d'edelweiss, issu de semences commerciales, à Orsières en 2004 (photo Claude-Alain Carron).

Calendrier cultural

Contrairement à une idée répandue, il est relativement facile de cultiver de l'edelweiss 'Helvetia' à petite échelle. Ses semences germent très facilement avec un peu de chaleur et d'humidité, sans nécessiter une période de froid (ou vernalisation) pour lever la dormance, comme c'est le cas pour d'autres espèces alpines (gentiane, alchémille, etc.). En mars ou en avril, le semis est effectué dans une terrine placée sous abri chauffé. Trois à quatre semaines après la germination, les plantules sont repiquées en mottes pressées ou en plaques multipots, puis mises en plein champ entre mai et juin, selon l'altitude. En cas de faibles précipitations, un arrosage hebdomadaire (par aspersion) peut s'avérer bénéfique. Idéalement, l'edelweiss devrait être planté sur des parcelles ensoleillées d'altitude (1000-1700 m), dans des sols bien drainés, neutres à alcalins, moyennement fertiles, avec une densité de plantation d'environ 10 plantes par mètre carré. Pour obtenir un rendement moyen annuel d'inflorescences sèches de 2,5 tonnes par hectare, Carlen *et al.* (2006) préconisent l'apport printanier des éléments fertilisants suivants : 40 kilos par hectare d'azote (N), 20 kg/ha de phosphore (P_2O_5) et 90 kg/ha de potasse (K_2O). Il est alors nécessaire de biner les champs afin d'éviter la concurrence des adventices (flore indésirable) avec les jeunes edelweiss. La première récolte s'effectue la deuxième année, même si quelques fleurs peuvent apparaître la première année. Après la récolte, les fleurs doivent être acheminées rapidement dans un séchoir à la température de 35° C. Afin d'éviter les moisissures, les plantes sont disposées en couches de 30-50 cm sur des grilles au travers desquelles l'air est propulsé.

La production d'edelweiss en plates-bandes de trois rangs permet de mécaniser partiellement les travaux et de rationaliser la production (photo Claude-Alain Carron).

Après deux à trois jours, les tiges deviennent cassantes (lorsque la teneur en eau est inférieure à 12 %) et le séchage est terminé. Les inflorescences sèches sont alors conditionnées en sacs pour le stockage à température stable, à l'abri de la lumière et des odeurs. Contrairement aux plantes de rocailles qui peuvent subsister plusieurs décennies, une culture commerciale ne dure que trois à cinq ans. En raison des récoltes répétées, la productivité des plantes âgées a tendance à faiblir alors que la concurrence des adventices vivaces augmente. Selon la fiche technique d'Agridea, il est conseillé de ne pas replanter de l'edelweiss consécutivement sur la même parcelle (assolement) (Amsler, 2009).

Semis d'edelweiss en micromottes, avant le repiquage (photo Claude-Alain Carron).

Jeunes plantes d'edelweiss en mottes pressées (photo Claude-Alain Carron).

Rosettes d'edelweiss six semaines après la plantation au champ (photo Claude-Alain Carron).

La production de fleurs coupées

Depuis quelques années, les multiplicateurs de plantes vivaces commercialisent des edelweiss en pots pour la vente directe. Ces plantes sont destinées à orner les jardins de rocailles ou encore les caissettes de fleurs des chalets de montagne.

1 : Caissette d'edelweiss ornant un chalet au-dessus d'Obsee dans le canton d'Obwald.
2 : Edelweiss vendu en pot pour la culture ornementale.
3 : A Zermatt, devant les fenêtres de ce vieux chalet en madrier, cette caissette plantée de géraniums (*Pelargonium*) et d'anthémis des Canaries (*Argyranthemum frutescens*) est magnifiquement décorée d'edelweiss sculptés.

En 2007, ACW a débuté un programme visant à proposer des solutions novatrices pour la production suisse de fleurs coupées (Sigg, 2008). Pour des raisons d'économie d'énergie, l'accent de ce programme de diversification a été mis sur la recherche d'espèces peu

4 : Un chatoyant bouquet d'edelweiss 'Helvetia', de grande astrance (*Astrantia major*) et d'échinops (*Echinops bannaticus*). Ces fleurs alpines et ornementales cultivées en plaine conservent tout leur attrait (photo Pascal Sigg).

exigeantes en chaleur telles que l'échinops, la grande astrance et l'edelweiss. Les premiers essais menés avec la variété d'edelweiss 'Helvetia' confirment le potentiel de cette espèce pour la bouqueterie. Différents modes de production complémentaires permettent d'envisager un échelonnement de la récolte d'avril à novembre, en décalant les dates de plantation : pleine terre, tunnel de plastique froid, serre en culture sur substrat sur des pains de fibres de coco avec un recyclage complet de la solution nutritive.

Les premiers résultats montrent que le potentiel de production par plante est élevé. Avec une densité de 16 plantes/m², plus de cinquante tiges de premier choix ont pu être récoltées. Malgré ces débuts encourageants, la quantité de déchets est importante, car plus de 65 % des inflorescences ne sont pas commercialisables, en raison de malformations ou de tiges trop faibles pour avoir une bonne tenue en vase. Les coûts de main-d'œuvre à la récolte et au tri sont donc importants.

Afin de corriger ces défauts, un programme de sélection visant la création d'une variété d'edelweiss spécialement adaptée à la production de fleurs coupées a débuté en 2008. Pour cela, les principaux critères retenus sont la rigidité et la longueur de la tige, la conservation de l'aspect typique de l'edelweiss et une période de floraison prolongée.

5 : Plantation de jeunes edelweiss dans un pain de fibres de coco (photo Pascal Sigg).

6 : Culture sur substrat, trois semaines après la plantation. Les tubes noirs apportent aux plantes l'eau et la solution nutritive nécessaires à leur croissance (photo Pascal Sigg).

7 : Culture sur substrat, deux mois et demi après la plantation. Les inflorescences sont prêtes à être cueillies (photo Pascal Sigg).

Ravageurs et maladies

En culture de plaine, les pucerons (*Aphis* sp.) colonisent facilement les plantes d'edelweiss, en particulier si elles sont cultivées sous abri. Lorsque les pucerons deviennent trop nombreux, la croissance et la qualité des plantes diminuent. En serre, d'autres ravageurs occasionnent des pertes : les mouches blanches (*Trialeurodes vaporariorum*), les acariens jaunes (*Tetranychus urticae*) et les thrips de Californie (*Frankliniella occidentalis*). Des essais de lutte biologique à l'aide d'insectes antagonistes (parasitant le ravageur) sont en cours. Des résultats prometteurs ont pour l'heure été obtenus contre les pucerons avec l'introduction de prédateurs naturels comme les microhyménoptères (*Aphidius colemani*) ou les coccinelles à sept points (*Coccinella septempunctata*). Il est aussi possible de neutraliser les thrips avec l'introduction d'acariens prédateurs (*Amblyseius cucumeris*).

L'edelweiss multiplié en laboratoire

La culture *in vitro* (littéralement « en conditions stériles ») de l'edelweiss a été initialement réalisée au Trinity College de Dublin en Irlande (Hook, 1993), puis en Roumanie (Zăpârţan, 1996). En Suisse, Lê Công-Linh (ACW) a mis en culture *in vitro* les parents de la variété 'Helvetia' en 2004 afin de les conserver précieusement (Lê, 2006). Par la suite, la culture *in vitro* a permis la multiplication rapide d'un grand nombre d'edelweiss 'Helvetia' pour la production commerciale. Pour réaliser une culture *in vitro*, les semences sont stérilisées et mises à germer sur un milieu adéquat maintenu à 25 °C. Les jeunes pousses, comportant chacune un bourgeon axillaire, sont ensuite repiquées en tubes de verre sur un milieu de culture stérile, auquel sont ajoutés des éléments nutritifs spécifiques. Les tubes sont ensuite placés en chambre climatisée où les plantules croissent. Le taux de multiplication est de quatre à cinq nouvelles pousses par explant initial et par cycle de culture. Cette technique permet de reproduire identiquement et rapidement des plantes d'edelweiss pour répondre aux besoins urgents en matériel de base nécessaire aux travaux d'amélioration variétale.

Par son odeur et sa couleur, l'edelweiss attire de nombreux insectes utiles comme les mouches qui la pollinisent ou les coccinelles qui se nourrissent de pucerons (photo Claude-Alain Carron).

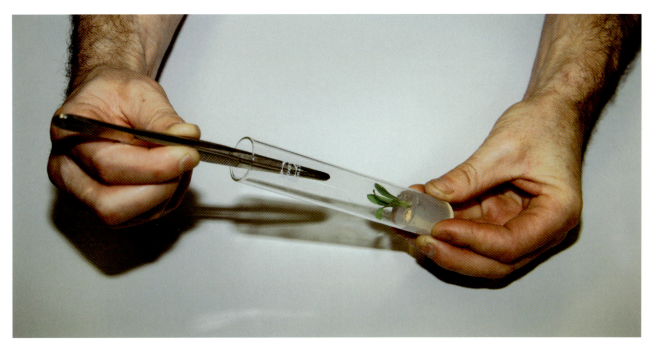

Jeune plante d'edelweiss in vitro, enracinée et prête à être sevrée (photo Pascal Sigg).

Altitude et antioxydants

Il est communément admis que les plantes d'altitude soumises à divers stress (climatique, hydrique) ainsi qu'à un fort rayonnement ultraviolet (UV) produisent de grandes quantités de métabolites secondaires pour se défendre. Dans le cas de l'edelweiss, les propriétés antioxydantes et antiradicalaires de ces composés sont supposées augmenter avec l'altitude (Hostettmann, 2000). Afin de vérifier cette hypothèse et de déterminer l'altitude optimale pour une culture d'edelweiss, le groupe de recherche Médiplant à Conthey a lancé une vaste étude en 2004, en collaboration avec la HES-SO Valais et l'Institut de Pharmacognosie d'Innsbruck (Schwaiger et al., 2006). Des parcelles d'edelweiss en pleine terre et en culture sur substrats ont été suivies aux altitudes de 500, 1000, 1500, 2000 et 2500 mètres durant trois saisons. Le rendement en biomasse et la teneur en matière active des différents organes de la plante ont été analysés. Contre toute attente, aucune différence en termes de biomasse et de composition chimique n'a été observée de 500 à 2000 mètres. Seules les plantes cultivées à 2500 mètres ont montré une légère augmentation de l'un des principes actifs, dans les bractées uniquement, contrebalancée toutefois par une nette diminution de la biomasse produite. Par conséquent, les chercheurs ont conclu que l'altitude de culture offrant le meilleur compromis entre la quantité et la qualité se situe entre 1000 et 1500 mètres.

Propriétés pharmaceutiques

L'edelweiss est utilisé depuis le 19ᵉ siècle en médecine populaire contre les douleurs abdominales, les angines, les bronchites, les diarrhées ou les dysenteries, tant pour les humains que pour les animaux (Dalla Torre, 1895). Ces propriétés sont dues à la présence de nombreux composés chimiques : acides phénoliques, lignanes, flavonoïdes, sesquiterpènes, coumarines, dérivés de benzofurane et benzopyrane, polyacétylènes, acides diterpènes, etc. (Hostettmann, 2000). En particulier, de récentes recherches ont permis de démontrer les propriétés antibactériennes de l'edelweiss qui permettent de combattre efficacement de nombreux pathogènes en laboratoire (*Enterococcus faecium, Escherichia coli, Pseudomonas aeruginosa, Staphylococcus aureus, Streptococcus pneumoniae* et *Streptococcus pyogenes*) (Dobner *et al.*, 2003). Ses propriétés anti-inflammatoires seraient dues à plusieurs constituants, principalement le β-sitostérol, l'apigénine-7-glucoside, deux sesquiterpènes de bisabolane (bisabolane A et bisabolane CD) et une lignane (MAB F7) (Dobner *et al.*, 2004 ; Speroni *et al.*, 2006).

La présence d'acide chlorogénique, que l'on rencontre également dans les pépins de pomme, confère à l'edelweiss ses propriétés antioxydantes. Plus récemment, un nouveau composé a été isolé : l'acide léontopodique, un antioxydant qui ne se trouve que dans l'edelweiss et qui aurait, entre autres, la propriété de protéger l'ADN contre l'oxydation (Schwaiger *et al.*, 2005). Outre ces composés secondaires, l'edelweiss produit dans ses racines chevelues une petite quantité d'huile essentielle (environ 0,6 %) constituée de plus de 30 molécules différentes, dont le composé majoritaire est la lutéoline-4'-O-glucoside (Rey et Slacanin, 1999).

Acide léontopodique, principe chimique exclusivement présent dans l'edelweiss (tiré de Schwaiger *et al.* 2005).

Utilisations cosmétiques et alimentaires

Depuis quelques années, l'edelweiss a fait l'objet de multiples usages. L'industrie cosmétique s'est très tôt intéressée à ses vertus antioxydantes. Des crèmes solaires et antivieillissement de la peau ont rapidement vu le jour. L'industrie alimentaire a récemment apprêté l'edelweiss sous les formes les plus diverses : thé froid, bière, pain, spray pour la gorge, ainsi qu'une liqueur dont on fait un chocolat et qu'un restaurateur du Valais utilise pour flamber son filet de bœuf !

L'infusion aux herbes de montagne à l'edelweiss fait partie du programme Pro Montagna de Coop visant à favoriser les régions de montagne en Suisse. Source Internet.

Le laboratoire Alpaflor/Pentapharm est le principal transformateur et distributeur d'extraits d'edelweiss destinés à l'industrie cosmétique (photos François Paul).

1

2

3

4

5

6

7

8

1 et 2 : Dans la gamme des chocolats suisses, l'edelweiss est utilisé comme argument marketing (Toblerone) ou est carrément intégré au produit sous forme de liqueur (Villars).

3 : De manière quelque peu fallacieuse, aucune de ces bières nommées edelweiss ne contient d'extrait de la plante.

4 : Symbole de fraîcheur de l'edelweiss pour une boisson revitalisante.

5 : Une tisane regroupant plusieurs symboles de pureté alpine : Edelweiss, Heidi et la culture bio.

6 et 7 : Savons et crème hydratante accolent l'image de l'edelweiss à des fins de marketing.

8 : Le titre *edelweiss* est utilisé pour un magazine féminin en Suisse.

Edelweiss, naissance d'un symbole

Tobias Scheidegger, Catherine A. Baroffio, José F. Vouillamoz

Si l'edelweiss est aujourd'hui la plante symbolique et fédératrice des Alpes par excellence, tel n'a pas toujours été le cas, comme le montre une approche historico-sociologique du phénomène.

L'avant-edelweiss

Avant que n'apparaisse le nom d'edelweiss, les premières appellations vernaculaires du *Leontopodium alpinum* et du *L. nivale* rencontrées dans les anciennes flores font référence à l'apparence et à l'aspect velu de la plante. Au 16ᵉ siècle, le naturaliste zurichois Conrad Gessner (1516-1565) parle de *Wollblume* (fleur de laine) (Gessner, 1541), nom qui trouvera plus tard son pendant francophone dans la cotonnière des Alpes, tandis que le médecin et botaniste allemand Jacobus Theodorus (1625), dit Tabernaemontanus (1522-1590), parle de *klein Löwenfuss* (Theodorus, 1625), traduction littérale de *Leontopodium* (du grec *Leonto* (*leo*) = lion et *podos* = pied). Ce nom inspiré de la forme et de l'aspect velu de la plante se retrouvera par la suite dans d'autres langues (pied-de-lion ou patte-de-lion en français, *Piè di leone* en italien, *Lion's foot* ou *Lion's paw* en anglais, etc.). Le nom de *Katzendälpli* (patte du chat) est une variation sur le même thème mentionnée pour la première fois par Carl Jakob Durheim (1856) et que l'on rencontre encore parfois dans l'Oberland bernois et au Vorarlberg (aussi *Katzenpfötchen* avec la même signification).

La forme de l'inflorescence a aussi inspiré les noms d'étoile du glacier, étoile d'argent ou étoile des Alpes, noms qui se retrouvent littéralement dans l'italien *Stella alpina*, dans l'allemand *Alpenstern* ou *Gletscherstern*, dans l'albanais *Yll alpin* ou encore dans le bulgare *Balkanska zvezda* (Балканска звезда). L'aptitude de la plante à conserver sa forme et sa couleur après séchage lui a aussi valu le nom d'immortelle des Alpes, comme on la nomme dans les Pyrénées françaises et dans les Grisons, où *Alv etèrn* signifie blanc éternel en romanche. Selon les époques et les régions, de nombreux autres noms ont été donnés à cette plante, que ce soit en allemand (*Bauchwehblümle, Ewigweiss, Federweiss, Hahnenfüsschen, Irlweiss, Löwentrapp,* etc.), en anglais (*Swiss cudweed*), en italien (*Fiore di Rocca*) ou encore en slovène (*Planika ou Očnica*), en slovaque (*Plesnivec alpínsky*), en polonais (*Szarotka alpejska*) et même en ukrainien (*Bilotka alpijska* ou Білотка альпійська).

Le nom d'edelweiss n'existe pas encore quand Conrad Gessner (1541) la cite comme *Wollblume* (fleur de laine) (tiré de Zoller *et al.*, 1972, fac-similé de l'œuvre originale).

Löwenfuss (pied-de-lion) dans l'œuvre de Jacobus Theodorus (1625), dit Tabernaemontanus.

Edelweiss : une appellation tyrolienne mondialement célèbre

Dans le courant du 19ᵉ siècle, pratiquement toutes les diverses dénominations vernaculaires ont été supplantées par le nom « edelweiss » dans toutes les langues. La première trace écrite du nom *Edelweiss*, littéralement « blanc noble », apparaît dans une étude naturaliste au Val de Ziller (Tyrol autrichien) (Paula Schrank et Erenbert Ritter von Moll, 1785). Cet ouvrage relate une conversation entre le naturaliste Karl von Moll et un paysan du Val de Ziller qui l'informe que la plante était utilisée comme encens, sa fumée éloignant les esprits attaquant le bétail et causant des infections des mamelles. En Suisse, ce nom tyrolien se retrouve vers les années 1860. Le vocable autrichien d'*Edelweiss* est aujourd'hui utilisé dans d'innombrables langues comme le français, l'anglais, l'espagnol, le portugais, le suédois, le bulgare (Еделвайс ou Edelvajs) et même en japonais (エーデルワイス ou *Ederuwaisu*, nom appliqué aussi improprement aux espèces asiatiques du genre *Leontopodium*). Aucune autre fleur ne jouit d'une telle eurocompatibilité linguistique et d'une telle reconnaissance mondiale.

Fantasmes romantiques récents et âge d'or de l'alpinisme

Pour l'inconscient collectif, le mythe de l'edelweiss comme emblème des Alpes semble faire partie des anciennes traditions. Or, le culte entourant cette fleur n'existait pas avant le 19ᵉ siècle. Des légendes ont été fabriquées de toutes pièces pour alimenter de prétendues coutumes ancestrales. La plus largement exploitée est sans conteste celle du jeune homme qui escalade une paroi en risquant sa vie pour récolter un edelweiss qu'il va ensuite offrir en cadeau de fiançailles à sa bien-aimée. Cette légende est relatée par plusieurs auteurs des 19ᵉ et 20ᵉ siècles dans tout l'arc alpin, et même jusque dans les Pyrénées françaises. Ces représentations de danger mortel, de courage et de fidélité en lien avec un sentiment amoureux se retrouvent typiquement dans les racines de la culture de l'alpinisme moderne. En effet, vers le milieu du 19ᵉ siècle, cette pratique essentiellement alpine devient un sport à la mode et attire toujours plus d'adeptes, particulièrement dans les couches aisées de la société anglaise où l'Alpine Club a été fondé à Londres en 1857.

La légende de l'amoureux téméraire qui met sa vie en péril
pour offrir à sa belle un edelweiss a été largement exploitée
(source : Archives, Münchner Stadtmuseum, Munich).

Carte postale de la fin du 19ᵉ siècle avec le logo du Club Alpin Suisse (CAS) (source : Sammlung D. Kleiner).

L'idée de grimper des sommets en affirmant sa virilité et sa volonté de défi correspondait parfaitement aux idéologies de cette élite londonienne. Ainsi, le citadin portant un edelweiss sur son chapeau laissait entendre qu'il avait affronté les sommets avec un courage héroïque. C'est à cette époque que sont fondés les premiers clubs alpins en Autriche (1862), en Italie (1863), en Suisse (1863), en Allemagne (1869) ainsi qu'en France (1874), les Allemands et les Autrichiens adoptant l'edelweiss comme emblème de l'association. L'escalade devient alors une école de courage, et l'edelweiss son symbole.

Le mythe de la rareté

Devenu un symbole, l'edelweiss a été décrit dans les poèmes et les récits comme une rareté ne poussant que sur des parois d'une extrême déclivité, aux limites des neiges éternelles, voire même les pieds dans la glace… Cette idée de la plante inaccessible influence encore aujourd'hui la perception de l'edelweiss et contribue à sa popularité, même si en réalité de nombreuses espèces alpines sont bien plus rares. L'image romantique de l'edelweiss a été encore exacerbée par les récits, souvent inventés ou magnifiés, des accidents tragiques survenus lors de la cueillette héroïque de notre plante.

Emblème de l'Österreichische Alpenverein (Association alpine autrichienne) et de la Deutscher Alpenverein (Société alpine allemande).

Tourisme alpin et edelweiss

Dès les années 1850, la création de voies ferroviaires reliant les grandes villes européennes aux vallées alpines permet de rapprocher Paris, Berlin et Londres des Alpes. Au départ réservé à une élite, ce nouveau tourisme alpin, dont la « Belle Epoque » se situe vers les années 1870-1900, favorise la construction des grands hôtels luxueux et des palaces. Dès les années 1880, avec l'apparition des congés payés, l'arrivée de touristes issus de la classe moyenne supérieure contribue grandement à l'essor et au développement de certaines régions alpines. Durant cette période, la réalisation et l'impression d'affiches « touristiques » constituent une grande nouveauté. En effet, jusqu'alors exclusivement utilisées comme support pour imprimer les horaires de trains, elles deviennent un vecteur publicitaire important dans lequel l'edelweiss joue un rôle de premier plan. Dans le même temps, les cartes postales connaissent un succès florissant et l'edelweiss y a aussi une place de choix.

Affiches publicitaires pour les stations d'Adelboden, d'Interlaken et de Wengen (source : Sammlung D. Kleiner).

Affiche publicitaire pour le jardin alpin de la ville de Lucerne (source : Sammlung D. Kleiner).

Affiche publicitaire pour un livre de contes pour jeunes et moins jeunes. DR

Cette popularité grandissante posait problème aux alpinistes de la première heure, qui ne trouvaient pas à leur goût l'utilisation vulgarisée de cette plante noble et symbolique. Au tournant du 20ᵉ siècle, la classe moyenne, qui jusque-là pratiquait essentiellement la marche à pied, s'attaque aux bastions élitistes que constituaient l'alpinisme et l'escalade. Cette nouvelle passion était considérée comme une provocation par l'élite montagnarde bourgeoise. Cette frustration était cristallisée alors sur la perte de son symbole exclusif ou considéré comme tel : l'edelweiss.

Carte postale de la fin du 19ᵉ siècle
(source : Museum Appenzell, Appenzell).

Carte postale de la fin du 19ᵉ siècle
(source : Museum Appenzell, Appenzell).

Fleurs immortelles comme souvenirs

En marge de l'essor du tourisme de montagne, les habitants des régions alpines essayèrent d'améliorer leurs maigres revenus en vendant des souvenirs aux touristes. Comme l'edelweiss garde sa forme et sa couleur immaculée en séchant, il peut ainsi, pendant des années, rappeler le souvenir d'un séjour en montagne. L'edelweiss était souvent représenté et commercialisé avec la gentiane et le rhododendron, soit sous forme de fleurs séchées, soit en représentation artistique et picturale. Il ornait et orne toujours des objets décoratifs en verre, bois et autres matériaux contemporains. Dans le courant du 19e siècle et au 20e siècle, la vente de souvenirs se fait de plus en plus insistante et provoque l'agacement de certains touristes.

Cartes de vœux décorées d'edelweiss et autres plantes séchées, vers 1900 (source : Museum Appenzell, Appenzell).

Les « cuillères à crème » sculptées dans le bois en Gruyère (canton de Fribourg) vers la fin du 17e siècle sont devenues aujourd'hui des souvenirs populaires très appréciés. A partir du 19e siècle, l'edelweiss fait son apparition parmi les motifs des sculptures, ce qui illustre bien le pouvoir attractif croissant de cette fleur, devenue une star mondiale à travers l'alpinisme et le tourisme (source : Musée gruérien, Bulle).

Avec le développement du tourisme, cette image typique des montagnes s'ancre dans la tête des gens de la plaine. Ce n'était plus qu'une question de temps avant que la fleur ne soit utilisée pour représenter des produits qui n'ont plus de lien direct avec la montagne. Au même titre que l'arbalète ou la croix suisse, l'edelweiss se présente en garant de la qualité, du sérieux, de la préciosité ou de la pureté « typiquement suisse ».

Hier comme aujourd'hui, il n'y a pas un lieu de tourisme où l'on ne trouve pas au moins un hôtel ou un chalet appelé Edelweiss, (source : Archives, Museum Schweizer Hotellerie und Tourismus, Zurich.)

Hier comme aujourd'hui, il n'y a pas un lieu de tourisme où l'on ne trouve pas au moins un hôtel ou un chalet appelé Edelweiss, pas même en Argentine (source : Hôtel Edelweiss à San Carlos de Bariloche, Patagonie).

L'organisation Suisse Tourisme utilise un edelweiss en or et sa confrontation avec le drapeau national.

De la légende à la réalité

L'edelweiss est un exemple frappant de l'intégration rapide d'un nouvel élément dans les coutumes et traditions locales. Portées par les légendes du 19e siècle, plusieurs « néotraditions » prennent naissance autour de l'edelweiss au cours du 20e siècle. Dans les années 1920, les bergers portent déjà des edelweiss et des orchis vanillés (*Nigritella nigra, Orchidaceae*) comme décorations sur leurs chapeaux lors de la fête de la Saint-Martin à Calfeisental sur Vättis (Saint-Gall). A Bielle dans la Vallée d'Ossau (Pyrénées françaises), la cueillette de l'edelweiss est devenue une fête estivale incontournable, durant laquelle chaque été, aux alentours du 15 août, les jeunes hommes vont cueillir plusieurs milliers d'edelweiss dans les montagnes environnantes. Ils arpentent ensuite les rues du village en musique et vont frapper aux portes des maisons pour recevoir de l'argent, remerciant les généreux donateurs par une fleur d'edelweiss. Celle-ci est ensuite portée sur les habits pendant la fête villageoise. Les fleurs sont pourtant cueillies au cœur du Parc national des Pyrénées, où toute cueillette de plantes est interdite, mais les autorités ferment les yeux sur cette fête qui a été initiée au cours du 19e siècle et se poursuit encore de nos jours (Albert-Llorca et Taréry, 2008).

Cueillette conséquente d'edelweiss durant les Fêtes de Bielle, dans les Pyrénées françaises.

Menace et protection de l'edelweiss

L'engouement dont a fait l'objet l'edelweiss dès la fin du 19e siècle a fini par le mettre en danger. Toujours plus de touristes et d'alpinistes voulaient ramener ce trophée en plaine. Dans les lieux de vacances, les prairies à edelweiss étaient signalisées et offertes à une libre cueillette. La demande était aussi forte en ville, les commerces mettant rapidement en vente des cartes souvenirs avec des fleurs séchées collées. Il y avait une véritable « industrie de l'edelweiss », avec cueillettes et récolteurs en gros (Kronfeld, 1910).

Liste de prix des edelweiss en vente à Lucerne en 1910 (source : Bibliothèque de la bourgeoisie de Berne).

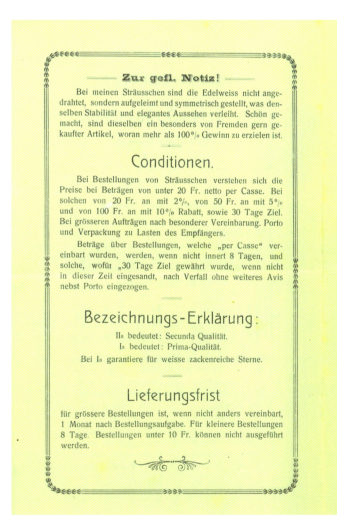

Preise per 100 Stück.

Edelweiss zum Einzelverkauf.

a) **Kleine Sterne.**
IIa Fr. —.50   Ia Fr. —.75

b) **Mittelgrosse Sterne.**
IIa Fr. 1.—   Ia Fr. 1.50

c) **Grosse Sterne.**
IIa Fr. 2.—   Ia Fr. 3.—

d) **Extra grosse Sterne.**
Gemischt   Fr. 7.50

Die letztern sind ohne Verbindlichkeit der jederzeitigen Lieferung.
Bei Abnahme von 500 Einzel-Edelweiss einer Sorte bewillige 10 % und bei 1000 Stück 20 % Rabatt. Bei grösseren Quanten Preise nach Vereinbarung.

Preise per 100 Stück.

Edelweiss-Sträusschen.

a) **Mit kleinen Sternen.**

	IIa	Ia
Mit 6 Edelweiss	Fr. 7.—	Fr. 10.—
„ 7 „	„ 8.-	„ 11.50

b) **Mit mittelgrossen Sternen.**

	IIa	Ia
Mit 4 Edelweiss	Fr. 7.—	Fr. 10.—
„ 6 „	Fr. 10.—	Fr. 14.—
„ 7 „	Fr. 11.50	Fr. 16.—

c) **Mit grossen Sternen.**

	IIa	Ia
Mit 4 Edelweiss	Fr. 12.—	Fr. 16.—
„ 6 „	Fr. 17.—	Fr. 23.—
„ 7 „	Fr. 19.50	Fr. 26.50

Doppelkarten mit Edelweiss-Sträusschen
mit deutscher oder französischer Adresse. (ges. geschützt.)
a) Zum Selbsteinkleben einer beliebigen Ansichtskarte auf eine mit gummiertem Rand versehenen Innenseite.

Mit IIa Sträusschen.   Mit Ia Sträusschen.
Fr. 17.—   Fr. 20.—

b) Mit 2 rückseitig zusammengeklebten Ansichtskarten, welche in diesem Falle dazu zu gegeben sind.

Mit IIa Sträusschen.   Mit Ia Sträusschen.
Fr. 19.—   Fr. 22.—

Liste de prix des edelweiss en vente à Lucerne en 1910
(source : Bibliothèque de la bourgeoisie de Berne).

Pour répondre à cette demande importante, des milliers de plantes sont déterrées et envoyées dans les jardins publics ou privés des métropoles européennes. Très vite vint la menace de la raréfaction puis de l'extinction de la plante. Il fallait des mesures énergiques pour la protéger et la conserver. Ses plus ardents défenseurs se trouvaient dans le milieu des alpinistes. En 1874, lors des assemblées générales des clubs alpins allemands et autrichiens, l'interdiction de cueillette est décrétée dans le *Zeitschrift des Deutschen Alpenvereins*. En Suisse, le canton d'Obwald ordonne en 1878 l'interdiction de déterrer la plante, dans le but de protéger non pas la fleur mais bien les petits vendeurs d'edelweiss, la cueillette « normale » restant autorisée. D'autres cantons et pays alpins suivent quelques années plus tard, à l'instar de l'Association pour la Protection des Plantes fondée à Genève en 1883 par des membres du Club Alpin Suisse, dont l'horticulteur Henry Correvon, et qui met sur pied des campagnes d'affichage en plusieurs langues, placardées dans les lieux touristiques pour informer de la situation précaire de l'espèce, dorénavant menacée.

Première interdiction officielle de la cueillette de l'edelweiss, décrétée en 1878 dans le canton d'Obwald (Suisse) (source : Staatsarchiv Kanton Obwalden).

Publicité opportuniste de la marque Leica qui utilise la protection de l'edelweiss : « cueillette interdite ! mais photographier avec Leica est autorisé ».

Les pays voisins de la Suisse se sont aussi attelés à protéger la flore alpine : les membres allemands et autrichiens des clubs alpins fondèrent en 1900 la Verein zum Schutz der Alpenpflanzen. Puis en 1920 fut fondée la Bergwacht (surveillance des montagnes), qui travaillait sur le terrain (Frey, 1941). Le style s'est durci, on a commencé à parler de « coupables » et on recherchait les « voleurs de plantes ».

Conséquence de ce débat passionné d'alors, la fleur est encore aujourd'hui perçue aux yeux du public comme menacée. Pourtant, en Suisse, l'edelweiss n'est pas sur la liste rouge nationale et ne bénéficie pas de protection au niveau fédéral, même s'il existe des protections cantonales (voir le chapitre Statuts de protection). La perception de l'edelweiss comme plante en péril correspondait au culte de la rareté, qui a été fortement entretenu dans le milieu alpin.

En 1900, les clubs alpins allemands et autrichiens fondent une association de protection des plantes alpines.

En 1920, la Bergwacht (surveillance des montagnes) de Bavière veille particulièrement sur l'edelweiss, dont elle utilise la portée symbolique.

Nationalisme, militarisme et résistance

Durant la deuxième moitié du 19e siècle, l'edelweiss devient le symbole national officieux dans plusieurs pays alpins comme la Suisse, l'Autriche et l'Allemagne. L'aristocratie d'Europe s'amourache de cette noble fleur qui devient la favorite des empereurs et des rois. Comme en témoignent certaines peintures, l'empereur François Joseph d'Autriche et sa femme Elisabeth (dite Sissi l'Impératrice) avaient une préférence pour l'edelweiss, tout comme Louis II de Bavière, qui vouait une passion à cette fleur mythique.

Sissi l'Impératrice a été immortalisée par Franz Xavier Winterhalter avec des edelweiss comme ornements dans sa longue chevelure (source : Kunsthistorisches Museum Wien).

Une plante asiatique comme symbole patriotique ?

L'utilisation comme symbole national d'une plante ayant de lointaines origines dans les steppes asiatiques n'était pas du goût de tout le monde, en particulier en Suisse, où cette glorification de l'edelweiss a d'abord été rejetée (Christ et Burnat, 1881). Pour certains patriotes, cette nouvelle mode introduite par des touristes allemands n'était justifiée par aucune tradition. Malgré tout, l'edelweiss se trouve depuis le début du 20e siècle sur les galons des plus hauts grades de l'armée suisse ou encore, dès 1922, sur la pièce de 5 francs. Dans les autres pays alpins, l'edelweiss devient également un symbole idéologique du patriotisme à partir de l'entre-deux-guerres, en particulier chez les groupes conservateurs et réactionnaires. En Allemagne, de nombreux écrits de propagande consacrent l'edelweiss comme la fleur préférée d'Adolf Hitler. La Wehrmacht fonde en 1935 une unité alpine qui utilise la plante comme décoration sur ses uniformes. Cette division alpine, avec ou sans décoration florale, a été tout sauf innocente : elle a été responsable de nombreux crimes de guerre en Grèce et dans les Balkans (Meyer, 2007).

Depuis 1922, des edelweiss ornent la pièce de 5 francs suisse.

Les insignes des plus hauts grades de l'armée suisse sont ornés d'un certain nombre d'edelweiss : brigadier (1), divisionnaire (2), commandant de corps (3) et général (4).

L'edelweiss est utilisé au Tyrol comme un symbole rassembleur et patriotique.

Vers la fin de la guerre, l'edelweiss devient par contre le symbole de la résistance allemande contre le nazisme : dans le bassin de la Ruhr, plusieurs mouvements de jeunes se réunissent sous le nom d'*Edelweisspiraten* ; ils sont formés principalement de jeunes travailleurs qui avaient quitté les organisations de masse du national-socialisme et montaient une résistance ouverte contre le régime. Ces « pirates » cultivaient une identité culturelle au travers de chants et d'un habillement reconnaissable, où bien évidemment figurait l'edelweiss (Peukert, 1980).

Fleurs textiles : l'edelweiss dans le costume suisse

Jusqu'à la fin du 19e siècle, les costumes folkloriques suisses ne portaient pas d'edelweiss dans leurs broderies décoratives. Dès 1890, ce nouveau symbole des Alpes apparaît sur les costumes des sociétés citadines, en particulier sur les costumes masculins pour lesquels aucune ancienne tradition n'avait été conservée. Cette apparition soudaine d'edelweiss brodés en nombre sur les costumes masculins s'observe par exemple dans les cantons d'Uri, Obwald ou Unterwald, puis en Appenzell ou en Gruyère.

Fleur préférée d'Hitler, l'edelweiss joua malgré lui un rôle symbolique dans le nazisme.

Jusqu'à la fin du 19e siècle, les costumes folkloriques ne portaient pas d'edelweiss (source : Museum Appenzell, Appenzell).

Appenzeller Senn.

L'edelweiss fait son apparition sur les costumes folkloriques au début du 20e siècle, en particulier sur les costumes masculins des cantons de Suisse centrale ainsi qu'en Gruyère et en Appenzell (sources : photos 1-2, Museum Appenzell, Appenzell ; photo 3, Musée gruérien de Bulle, photo de Louise Witzig, Lac Noir, 1949. Mises gracieusement à disposition par la Fédération nationale des costumes suisses, Bubikon).

3

Edelweiss, nouveau « trend ethno »

Jusque dans les années 1990, l'edelweiss garde une image un peu vieillotte et folklorique, puis un nouveau « trend ethno » prend naissance, entre autres grâce à l'horloger Michel Jordi qui redonne un coup de fraîcheur à l'image de la fleur en 1989 avec la création de Swiss Ethno, une montre ornée de symboles suisses (vache, fromage, croix suisse et bien sûr edelweiss). Ce nouveau trend, qui s'adresse à la jeunesse citadine en mal de « suissitude », fait rapidement des émules et l'edelweiss devient dès lors « branché », faisant du même coup mouche auprès des touristes asiatiques. Même si le souffle de l'« ethno-boom » est quelque peu retombé vers la fin des années 1990, l'image de l'edelweiss avait désormais changé et les campagnes publicitaires pouvaient viser un nouveau public.

Aujourd'hui, on n'hésite pas à habiller des personnalités avec des chemises ornées d'edelweiss pour une campagne de promotion de l'agriculture. L'edelweiss est devenu depuis les années 1990 un ornement vestimentaire très « tendance ».

L'edelweiss est devenu un symbole « ethno » que l'on se plaît aujourd'hui à détourner d'étrange façon.

Das unbesiegte Edelweiss (L'Edelweiss invaincu), Zurich, 1959.

Mots en fleurs : contes de fées, légendes et romances

Les contes montagnards puisent leurs racines loin dans le passé. Cependant, comme l'edelweiss a gagné en popularité au 19e siècle seulement, on ne le retrouvera pas dans les contes écrits antérieurement ! La production littéraire récente lui a néanmoins souvent donné un rôle central. La fameuse légende de la Dame Blanche, répandue dans toute l'Europe sous diverses formes (fées, sorcières, lavandières) généralement annonciatrices de mort, a été adaptée pour expliquer l'origine de l'edelweiss dans les Alpes :

> « Au-dessus des neiges éternelles, vivait une Dame Blanche détrônée, l'ancienne Reine des Neiges, entourée de lutins portant tous des lances de cristal. Qu'un chasseur ou un alpiniste imprudent s'avisât de grimper jusqu'au refuge de la Dame Blanche, elle l'encourageait du regard, tout sourire. Et le voilà fasciné. Inconscient du danger, il monte toujours plus haut. Il ne voit rien autre que le ravissant visage de la Reine des Neiges. Les lutins l'attaquent. Ils le précipitent dans le ravin. Alors, la Dame Blanche se met à pleurer. Ses larmes tombent sur les glaciers, puis coulent et arrivent aux roches où elles se transforment en edelweiss. »
>
> *(Chavoutier, 2005).*

La bande dessinée de Goscinny et Uderzo *Astérix chez les Helvètes*, parue en 1970, a profondément marqué les esprits avec l'image de l'intrépide Astérix gravissant une montagne enneigée pour aller chercher l'inaccessible edelweiss, seul antidote à l'empoisonnement dont est victime le contrôleur d'impôts romain.

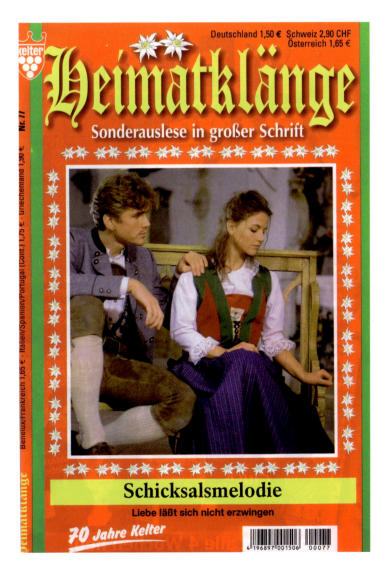

Les romans-photos récents utilisent aussi l'image romantique de l'edelweiss, comme dans ce Heimat-Roman paru en 2008.

Star des Alpes : la carrière cinématographique et musicale de l'edelweiss

La carrière musicale de l'edelweiss commence dès le début de sa notoriété au 19e siècle avec des chants patriotiques, principalement interprétés lors de fêtes bourgeoises et traitant de la dure mais heureuse vie des paysans de montagne. Au 20e siècle, la musique touche un public de plus en plus large avec l'avènement des premiers enregistrements puis de la radio dans les années 1920. L'utilisation musicale de l'edelweiss se diversifie dans un registre plus vaste, allant de la marche militaire à la musique populaire, en conservant les thèmes classiques de l'amour, de la nature, du pays et de Dieu. Cependant, un retour de l'edelweiss dans les chants patriotiques s'observe avec la propagande liée à la Seconde Guerre mondiale. Après la guerre, l'edelweiss retrouve sa place folklorique dans la musique populaire et de nombreux ensembles musicaux adoptent son nom. Plus récemment, l'edelweiss a été abondamment utilisé comme élément décoratif et musical dans les *Musikantenstadl*, célèbres programmes télévisés des chaînes allemandes. Plus récemment encore, le mythe de l'edelweiss intègre la musique moderne, non sans humour et second degré, à l'instar du groupe autrichien Edelweiss qui mélange disco, rap et musique folklorique sur une reprise de la chanson *SOS* d'ABBA.

Les films du genre « Heimatfilm » étaient particulièrement appréciés en Allemagne et en Autriche dans les années 1950 et 1960. L'edelweiss y avait sa place de choix, comme par exemple dans le Heimatfilm autrichien *Almenrausch und Edelweiss* paru en 1958 et dont l'action se déroule autour de l'Hôtel Edelweiss.

> *L'Edelweiss*
>
> Texte et arrangement musical de l'Abbé Georges Crettol (1956)
>
> 1. Tout là-haut sur l'alpe verte, il fleurit une splendeur
> Au nom doux, au nom alerte, Edelweiss est cette fleur.
> Lorsqu'au loin tout dort encore et que l'aube attend le jour
> Aux baisers frais de l'aurore, elle tend son frais velours,
> Aux baisers frais de l'aurore, elle tend son frais velours.
> 2. L'Edelweiss a son histoire qu'il raconte à tout venant,
> Mais ceux-là seuls peuvent croire qui sur l'alpe étaient enfants.
>
> Fleur de vierge au cœur sauvage, tel est son souffle léger.
> Qui l'a vue en son jeune âge ne peut vivre à l'étranger,
> Qui l'a vue en son jeune âge ne peut vivre à l'étranger.
>
> 3. Blanc saphir au flanc des cimes, douce étoile de nos monts,
> Ton mirage rend sublime. Tu grandis les horizons.
> Reste encore ô fleur sauvage l'idole de notre cœur.
> Saluez vous tous qu'animent la noblesse et la splendeur,
> Saluez vous tous qu'animent la noblesse et la splendeur.

L'Edelweiss est un chant bien connu en Valais central.

Logo de l'Association suisse de la musique populaire.

La chanson *Edelweiss* a été composée en 1959 par Richard Rogers sur des paroles d'Oscar Hammerstein Jr. pour la célèbre comédie musicale *The Sound of Music*, dont l'adaptation au cinéma avec Julie Andrews dans le rôle principal est restée dans les mémoires. DR.

> **Es war ein Edelweiss**
> *Herms Niel, ca. 1939*
>
> Ganz einsam und verlassen
> An einer Felsenwand,
> Stolz unter blauem Himmel
> Ein kleines Blümlein stand.
> Ich konnt' nicht widerstehen,
> Ich brach das Blümelein,
> Und schenkte es dem schönsten,
> Herzliebsten Mägdelein.
>
> *Refrain:*
> Es war ein Edelweiss,
> Ein kleines Edelweiss,
> Holla-hidi hollala,
> Hollahi diho.
>
> Sie trägt es treu in Ehren
> An ihrem Sonntagskleid.
> Sie weiss, dass dieses Sternlein
> Ein Männerherz erfreut.
> Sie trägt es mir zuliebe,
> Und ich bin stolz darauf,
> Denn diese zarte Blume
> Schloss einst zwei Herzen auf.
> So einsam und verlassen,
> Wie dieses Blümlein stand,
> So standen wir im Leben,
> Bis Herz zu Herz sich fand.
> Ein Leben voller Liebe
> Und Glück und Sonnenschein
> Hat uns gebracht das kleine,
> Einsame Blümelein.

Cette marche d'apparence anodine a été utilisée comme instrument de propagande par les Nazis et fait donc partie de ce que l'on appelle *Nazilied*.

Utilisations insolites de l'edelweiss

La puissance symbolique que l'edelweiss a acquise durant le 20e siècle résulte dans une utilisation à tout-va dans les domaines les plus variés.

1

2

1 : Victorinox série spéciale.

2 : Billet de 50 lei roumain.

3 : Pièce de deux eurocentimes autrichienne.

4 : Compagnie aérienne Edelweiss Air, filiale de Swiss (photo Selina Müller).

5 : Edelweiss est le nom d'une station de ski japonaise

6 : Edelweiss Cheung, Miss Hong Kong 2008.

7 : Manga japonais pour adultes.

3

L'edelweiss dans les herbiers
Charly Rey, Didier Roguet, Laurent Gautier, Reto Nyffeler, Sabine Rey et Jean-Claude Praz

L'herbier est une collection de plantes séchées, montées et conservées dans une fourre d'herbier cartonnée. On peut se demander si, à l'heure de l'informatique, de la photographie numérique et des multimédias, l'herbier a encore son utilité. La réponse est oui ! Les botanistes professionnels constituent toujours des herbiers scientifiques, afin de témoigner, souvent en relation directe avec une publication, de la validité de leurs découvertes. Pour le systématicien et le taxonomiste, l'herbier est un outil de travail indispensable, car, bien séchés et conservés, les échantillons (plantes) sont observables durant des décennies, voire des siècles sans aucune altération. Ce n'est pas le cas de la photographie ou d'autres supports modernes (CD, DVD, etc.). Les herbiers permettent l'identification, la comparaison et le suivi historique des espèces et de leurs stations. Ils sont parfois le garant scientifique de décisions liées à la conservation (réintroduction, réhabilitation de biotopes, etc.). Les plantes séchées perdent néanmoins parfois certaines couleurs

1 : Part de l'herbier Boissier du Conservatoire botanique de Genève. On y voit le nom du genre, de l'espèce et de la variété de la plante, le lieu et la date de récolte (7.1895), la plante séchée avec à côté différents organes et des dessins floraux pour faciliter la détermination. Les dessins sont de Gustave Beauverd (photo Conservatoire et Jardin botaniques de la ville de Genève).

2 : Part d'herbier (1946) d'E. Oberholzer conservée à l'Ecole polytechnique fédérale de Zurich. Ces plantes d'edelweiss, abandonnées par un touriste craignant la sanction de la police, ont été séchées et disposées sur un papier rose. Elles proviennent du versant sud du Wiggis (Glaris) (photo Jardin botanique de l'Université de Zurich).

3 : Part d'herbier de Konrad Lauber du Conservatoire botanique de Genève. Ces edelweiss ont été récoltés en juillet 1951 au Stockhorn (Berne) (photo Conservatoire et Jardin botaniques de la ville de Genève). DR.

4 : Part d'herbier de *Leontopodium andersonii*, une espèce asiatique du sud-ouest de la Chine (photo Jardin botanique de l'Université de Zurich). DR.

(bleu, rouge, etc.). Le dessin et la photographie continuent à être des compléments intéressants à la recherche en botanique systématique. Si par le passé la cueillette répétée des espèces rares a pu compromettre leur pérennité, ce n'est heureusement plus le cas de nos jours. Certaines pratiques de ramassage abusif pour l'horticulture ou la vente de parts d'herbier, qui mettaient parfois en danger une station, ont heureusement pris fin au début du 20ᵉ siècle.

Le botaniste-collectionneur est alors devenu un protecteur actif de l'environnement.

On ne peut protéger durablement une espèce que si l'on sait l'identifier et la mettre en culture. L'edelweiss en est un très bon exemple. Les Conservatoires botaniques de Genève et de Zurich et aussi certains musées conservent avec soin les herbiers, dont les parts sont consultables par les chercheurs.

En effet, ces collections d'herbier sur le genre *Leontopodium* ont été consultées pour diverses raisons :

1. pour authentifier certaines citations d'anciennes données de la littérature (stations abyssales de Praz-Pourris et de Gondo en Valais ; station de la Dôle au Jura, notamment),
2. pour prouver les changements nomenclaturaux au cours des siècles,
3. pour constater la variabilité des formes dans le passé,
4. pour l'approche des espèces asiatiques,
5. pour réaliser l'intérêt porté par les botanistes d'autrefois pour cette espèce mythique à travers la quantité de parts d'herbier collectées.

Les parts d'herbier les plus intéressantes ont été aimablement photographiées et mises à notre disposition pour ce livre.

L'edelweiss dans les jardins botaniques alpins

Charly Rey, Sabine Rey, Jean-Claude Praz

Les jardins botaniques alpins sont de véritables musées vivants qui jouent un rôle important pour le maintien de la biodiversité des espèces. Dans l'arc alpin, on dénombre une trentaine de jardins botaniques alpins officiellement recensés, qui servent aussi de plate-forme de travaux de recherche (Bernini et Piaggi, 1997). Si la Suisse en compte six, la palme revient à l'Italie, qui en possède une vingtaine répartis entre les Alpes et les Apennins. C'est du reste en Italie qu'a été fondée en 1970 l'AIGBA (Associazione Internazionale Giardini Botanici Alpini), qui promeut les échanges de connaissances et de matériel végétal (semences, plantes…) par le biais d'excursions et d'un bulletin annuel. Cependant, il est à déplorer que plusieurs jardins alpins ayant connu leurs heures de gloire par le passé aient été aujourd'hui abandonnés, faute de crédits pour en assurer l'entretien.

Dans les grandes villes, les jardins botaniques disposent souvent d'espaces de rocailles où de nombreuses plantes alpines trouvent des niches propices à leur développement optimal, comme c'est le cas à Genève, Lausanne, Berne, Bâle ou encore à Kew Gardens à Londres. Il va de soi que l'edelweiss est présent dans la plupart de ces jardins botaniques, souvent en compagnie d'autres espèces de *Leontopodium*.

Les deux jardins botaniques de Genève et de Zurich font ici l'objet d'une présentation plus détaillée, en raison de l'exposition sur le thème de l'edelweiss qui s'y déroule en 2011 et dont le présent ouvrage est le livre officiel.

En Suisse

La Linnaea, Bourg-Saint-Pierre (1689 m), Valais

Créé en 1889 par Henry Correvon, le domaine La Linnaea (baptisé d'après l'espèce rare *Linnaea borealis, Caprifoliaceae*, elle-même nommée en mémoire de Linné) fut le premier jardin botanique alpin de Suisse.

L'edelweiss dans les rocailles du jardin botanique alpin
La Linnaea à Bourg-Saint-Pierre (Valais). L'éveil à l'observation et à la connaissance des plantes est facilité dans les jardins alpins.

Actuellement, La Linnaea s'étend sur une superficie d'un hectare et est géré par la Société académique de Genève. Il est entretenu par le Jardin botanique de Genève. De nombreuses espèces des milieux naturels de la région y sont présentées.

Le jardin alpin Flore-Alpe de Champex, avec des edelweiss sous la première neige (photos Jean-Luc Poligné).

Flore-Alpe, Champex (1520 m), Valais

Ce Jardin alpin a été fondé en 1927 par Jean-Marcel Aubert. Placé sur le flanc sud du Catogne, il jouit d'une merveilleuse situation panoramique sur le lac de Champex et sur le massif des Combins (4134 m). Près de 4000 espèces de plantes alpines sont rassemblées dans ses rocailles, tourbières et étangs. La Fondation, gérée de longues années par la Ville de Genève et l'Etat de Neuchâtel, est reprise depuis 2009 par l'Etat du Valais et par la Commune d'Orsières. Durant plus de quarante ans, ce Jardin a été conçu et entretenu par Egidio Anchisi. Il est aujourd'hui sous la responsabilité de Jean-Luc Poligné. Depuis 1991, le Jardin abrite le Centre alpin de phytogéographie, sous la responsabilité de Jean-Paul Theurillat.

151

La Rambertia, Rochers-de-Naye (2025 m), Vaud

Ce jardin alpin a été nommé en l'honneur d'Eugène Rambert, poète et écrivain montreusien du 19e siècle. Le jardin a été entretenu longtemps par Pierre Rosset avant d'être repris récemment par Bruny et Dany Monnet suite à quelques années d'abandon.

Sur le millier de plantes présentées à la Rambertia, on note plusieurs espèces de *Leontopodium*.

Jardin botanique de Genève
Didier Roguet

C'est en 1817 qu'Augustin-Pyramus de Candolle, professeur honoraire de l'Académie de Genève depuis 1800, mais enseignant à Montpellier, revient dans sa ville natale pour y fonder un jardin botanique sur le site de l'actuelle Promenade des Bastions. En 1902, le Jardin, devenu trop exigu, est transféré à son emplacement actuel par John Briquet. La construction du premier Conservatoire est entreprise aussitôt au lieu-dit « la Console » pour abriter, dès 1904, les herbiers et la bibliothèque. La première serre est installée en 1908. Le Jardin connaît deux extensions ultérieures : en 1955 (Campagne Duval) et en 1976 (Terre de Pregny). Il occupe aujourd'hui une surface de 28 hectares.

Le Jardin botanique, véritable musée vivant, offre au public une collection étiquetée, répertoriée et informatisée d'espèces botaniques et horticoles provenant du monde entier. Il est divisé en cinq secteurs : l'arboretum, les rocailles (abritant sa collection d'edelweiss) et le massif des plantes protégées, les plantes officinales et utilitaires, les serres, ainsi qu'un secteur voué à l'horticulture et aux animaux. Le Jardin est dédié à la conservation, à la recherche et à l'éducation. Le Conservatoire comprend une bibliothèque de botanique systématique de valeur mondiale. Riche de plus de 200 000 volumes et d'environ 3000 périodiques, elle regroupe une documentation exhaustive. Etroitement reliés à la bibliothèque, les herbiers (environ 6 millions d'échantillons) se situent parmi les cinq plus grands dans le monde. A la mission de conservation s'ajoutent des missions de recherche et d'enseignement. L'exploration et le travail de terrain complètent la recherche documentaire et les expériences de laboratoire. Les quatre territoires prioritairement étudiés sont le bassin méditerranéen, l'Amérique néotropicale et l'Afrique, à côté de notre région médio-européenne alpine. L'essentiel des travaux concerne la botanique systématique (rédaction de monographies et de flores – en phanérogamie et en cryptogamie), les études sur la biogéographie et la végétation ainsi que la nomenclature botanique, l'ethnobotanique et l'histoire des sciences. Des banques de données importantes sur la flore régionale, méditerranéenne, néotropicale et africaine sont abritées aux Conservatoire et Jardin botaniques. L'application de nouvelles technologies, telles que la biologie moléculaire ou les systèmes d'informations géoréférés pour l'étude de la végétation, ouvre de nouvelles perspectives de recherche.

Dans le cadre de la convention liant le Conservatoire à l'Université, le directeur et plusieurs conservateurs dispensent des cours à une centaine d'étudiants par année. De nombreux travaux de diplôme et de doctorat sont dirigés par les collaborateurs des (CJB.) Un programme très actif d'éducation et de sensibilisation au monde végétal a été mis en place dans le Jardin en collaboration avec le Département de l'instruction publique et l'Université du 3e âge (UNI3). Des cours et des excursions, traitant du monde végétal qui nous entoure, sont organisés régulièrement, en particulier en collaboration avec l'Association des Amis du Jardin botanique (AAJB). Ils rencontrent un vif succès auprès d'un public d'amateurs.

Les CJB proposent encore un programme d'animation, de vulgarisation et d'interprétation. Ils organisent des expositions et disposent d'espaces d'interprétation et de contacts avec leurs publics : le Jardin des senteurs et du toucher, les Terrasses des officinales et utilitaires, le Botanicum (espace familial interactif), les serres, une boutique, un parc animalier dédié à la conservation d'espèces domestiques régionales menacées et bientôt un nouveau centre d'accueil du public, avec toutes les commodités requises par un musée vivant et performant (cafétéria, salle d'exposition permanente, etc.).

Les CJB conduisent aussi un programme de botanique appliquée, en particulier dans le Sud grâce au Fonds de développement de la Ville de Genève. Ils travaillent à la demande et sur la base de conventions intermunicipales avec les villes d'Asunción (Paraguay), de Patos (Brésil), de Dakar et de Saint-Louis (Sénégal). Ces projets ont pour but de valoriser le patrimoine ethnobotanique traditionnel, les valeurs citoyennes et, à terme, de favoriser la conservation des diversités naturelle et culturelle locales.

Visite du jardin, un havre de nature et de biodiversité au milieu de la ville (photo Conservatoire et Jardin botaniques de la ville de Genève).

L'herbier du Conservatoire botanique de Genève est un des plus grands du monde. Il contient notamment de nombreuses parts de *Leontopodium* (photo Conservatoire et Jardin botaniques de la ville de Genève).

Jardin botanique de l'Université de Zurich
Peter Enz et Reto Nyffeler

A Zurich, la botanique relève d'une très longue tradition. Johann Conrad Gessner, le médecin de la ville de Zurich, avait son jardin de plantes médicinales vers les années 1560.

Après la dissolution de la fortification « zur Katz » et la fondation de l'Université de Zurich, on débuta en 1836 la construction du jardin botanique, inauguré en 1837. En 1851 fut construite la serre des palmiers. En 1971, par une votation cantonale, le peuple zurichois décida de créer un nouveau complexe botanique comprenant le jardin et des instituts botaniques dans l'ancien parc de la famille Bodmer-Abegg. Les travaux de construction débutèrent en 1972.

Les buts principaux du Jardin botanique de l'Université de Zurich sont les suivants :
- mettre des plantes à disposition pour la recherche et l'éducation ;
- offrir des informations botaniques et horticoles au grand public et aux professionnels ;
- informer et sensibiliser sur la conservation des plantes en danger ;
- offrir un parc populaire à la ville de Zurich.

L'« ancien jardin botanique » (ancienne fortification « zur Katz ») au cœur de la ville (près du fossé Schanzengraben), est encore accessible au public. Très attractif, le jardin de style médiéval de Gessner, naturaliste fameux du Moyen Age, comprend des plantes médicinales, culinaires et des épices. Ce jardin dédié à Gessner existe seulement depuis 1997 ! L'ancienne serre des palmiers, une construction en bois datée de 1851, fut remplacée en 1873 par une serre à armature de fonte. Actuellement la serre la plus ancienne de Suisse, elle fait naturellement l'objet d'une protection en tant que monument national. Dans l'ancien Institut de botanique systématique, entouré d'un magnifique parc aux arbres majestueux, se trouve aujourd'hui le Musée d'ethnographie de l'Université de Zurich.

Lors de la conception du nouveau jardin botanique, à côté des aspects esthétiques, l'écologie joua un rôle très important. On rassembla ainsi des plantes aux exigences écologiques semblables, indépendamment des provenances géographiques. Voici les biotopes remarquables à visiter :
- le jardin des plantes méditerranéennes, avec leurs divers parfums ;
- le Wadi, avec ses plantes très bien adaptées à la sécheresse temporaire ;
- les plantes tinctoriales, avec leurs aspects historiques et culturels ;
- le jardin à l'entrée, avec ses plantes printanières et estivales bien colorées ;
- la rocaille, avec les plantes des montagnes de tous les continents ;
- l'étang et les bassins des plantes aquatiques, présentant aussi une diversité faunistique ;
- le secteur des plantes utilitaires et médicinales, avec des espèces connues depuis des siècles ;
- les vitrines d'exposition, en été, avec des plantes insectivores, des cailloux vivants et d'autres spécialités de pleine terre ;
- une jungle lourde et exotique en plein hiver ! ? Il s'agit de trois serres en dôme où les climats tropical, subtropical et aride sont représentés. A voir particulièrement, les Cycadacées, les fougères

Les herbiers de l'Université et de l'Ecole polytechnique fédérale de Zurich réunis contiennent environ 3,5 millions de plantes, mousses, algues ou champignons du monde entier. DR.

arborescentes, les orchidées et certaines plantes utiles des tropiques ;
- en été, devant les serres, on peut observer dans le bassin *Victoria cruziana*, la reine des nénuphars aux feuilles géantes et flottantes, mais aussi des plantes subtropicales en pots qui évoquent pour certaines personnes des souvenirs de voyages lointains.

L'**Herbier de Zurich** contient environ 3,5 millions de parts. Il comporte deux collections botaniques rassemblées en 1990, provenant d'une part de l'Ecole fédérale polytechnique fédérale et d'autre part de l'Université de Zurich. Durant plus de 150 ans, ces collections se sont constituées séparément ! Alors que la recherche de l'Ecole fédérale polytechnique s'est attachée principalement à la flore indigène et à la flore d'Europe centrale, les groupes de chercheurs de l'Université ont travaillé en dehors de l'Europe, surtout sur les flores d'Afrique du Sud et de Nouvelle-Calédonie.

Résultant de riches donations des décennies passées, des parts d'herbier d'autres régions tropicales et subtropicales ont pu être intégrées dans l'herbier zurichois (Z+ZT). Aujourd'hui, les herbiers réunis présentent une collection très diversifiée et représentative avec des Trachéophytes (fougères et plantes à fleurs), des mousses et des champignons.

Les parts d'herbier représentent la base fondamentale de la recherche actuelle et constituent un outil de travail scientifique important pour les deux hautes écoles. Chaque année, les responsables intègrent plusieurs milliers de nouvelles parts ; plusieurs d'entre elles sont utilisées pour la recherche courante.

Depuis 2002, les parts les plus importantes sont digitalisées et consultables gratuitement sur le site internet www.zuerich-herbarien.uzh.ch (100 000 parts disponibles à fin 2010).

Une touffe d'edelweiss étiquetée.

En Italie et en France

Jardin botanique alpin Chanousia (Aoste)

Le jardin alpin Chanousia est situé à 2170 mètres d'altitude, près du col du Petit-Saint-Bernard reliant le Val d'Aoste (Italie) à la Tarentaise (France). Il a été fondé en 1893 par l'abbé Pierre Chanoux. Sur un hectare de superficie, des rocailles et des plans d'eau accueillent de nombreuses espèces de la flore alpine, mais aussi d'autres massifs montagneux.

Cette bâtisse du jardin, entourée de rocailles, accueille des expositions temporaires.

Jardin botanique du Tourmalet

Situé dans les Pyrénées françaises sur le flanc sud-ouest du col du Tourmalet, à 1500 mètres d'altitude, le Jardin botanique du Tourmalet se veut la vitrine de la flore des montagnes pyrénéennes en présentant les plantes dans leur environnement naturel. Des collections présentent d'autres espèces de différents genres botaniques.

Jardin botanique du Tourmalet (Pyrénées françaises).

Serge Rieudebat, responsable du Jardin botanique du Tourmalet, cultive des edelweiss en pot qu'il commercialise sur place avec succès. L'espèce présentée ici sous le couvert du tunnel est *Leontopodium souliei*, qui se prête mieux à la multiplication végétative que *L. alpinum*. Avec honnêteté, ces plantes ne sont pas vendues ici sous le nom de *L. alpinum* mais bien de *L. souliei,* ce qui n'est hélas pas toujours le cas dans les jardineries ou les garden-centers.

Un parterre est réservé à l'edelweiss, avec une rocaille consacrée à plusieurs espèces asiatiques de *Leontopodium*.

Bibliographie

Albert-Llorca, M., et M. Taréry. 2008. Une fleur « pour la tradition ». L'edelweiss dans la vallée d'Ossau (Pyrénées-Atlantiques). Terrain 51:148-159.

Amsler, P. 2009. Fiche technique Edelweiss. Classeur Plantes médicinales et aromatiques. 6.17.1-6.17.4. Agridea, Lausanne.

Beauverd, G. 1911. Sur la distribution géographique des genres *Leontopodium* Cass. et *Cicerbita* Wallr. emend. Beauv. Bulletin de la Murithienne 36:77-120.

Bernini, A., et E. Piaggi. 1997. 37 Giardini Botanici delle Alpi e degli Appennini - 70 escursioni floristiche consigliate. Mario Ponzio S.p.A., Pavia.

Blöch, C., W. B. Dickoré, R. Samuel, et T. F. Stuessy. 2010. Molecular phylogeny of the Edelweiss (*Leontopodium*, Asteraceae–Gnaphalieae). Edinburgh Journal of Botany 67:235-264.

Carlen, C., C.-A. Carron, et P. Amsler. 2006. Données de base pour la fumure des plantes aromatiques et médicinales. Revue suisse de Viticulture, Arboriculture, Horticulture 38:II-VIII.

Carron, C.-A., C. Rey, S. Previdoli, et C. A. Baroffio. 2007. Helvetia, une nouvelle variété d'edelweiss issue d'hybrides de clones. Revue suisse de Viticulture, Arboriculture, Horticulture 39:125-130.

Chavoutier, L. 2005. Savoie, une montagne de légende. La Fontaine de Siloë, Montmélian.

Christ, H., et E. Burnat. 1881. L'Edelweiss et l'Etat. Echo des Alpes 4.

Correvon, H. 1895. Les plantes alpines et de rocailles. O. Doin et Librairie agricole, Paris.

Correvon, H. 1901. Catalogue des plantes contenues dans le Jardin botanique alpin de la Linnaea à Bourg-St-Pierre (Valais). Impr. W. Kuendig, Genève.

Dalla Torre, K. W. 1895. Die volkstümlichen Pflanzennamen in Tirol und Vorarlberg. A. Edlingers Verlag, Innsbruck.

Delarze, R., et Y. Gonseth. 2008. Guide des milieux naturels de Suisse. Rossolis, Bussigny.

Dobner, M. J., S. Schwaiger, I. H. Jenewein, et H. Stuppner. 2003. Antibacterial activity of *Leontopodium alpinum* (Edelweiss). Journal of Ethnopharmacology 89:301-303.

Dobner, M. J., S. Sosa, S. Schwaiger, G. Altinier, R. Della Loggia, N. C. Kaneider, et H. Stuppner. 2004. Anti-inflammatory activity of *Leontopodium alpinum* and its constituents. Planta Medica. 70:502-508.

Durheim, C. J. 1856. Schweizerisches Pflanzen-Idiotikon. Ein Wörterbuch von Pflanzenbenennungen in den verschiedenen Mundarten der deutschen, französischen und italienischen Schweiz. Huber, Bern.

Erhardt, A. 1993. Pollination of the edelweiss, *Leontopodium alpinum*. Botanical Journal of the Linnean Society 111:229-240.

Frey, G. 1941. Erreichtes und Erstrebtes. Betrachtungen zum Alpenpflanzenschutz. Jahrbuch des Vereins zum Schutze der Alpenpflanzen 13:65-79.

Gessner, C. 1541. Historia Plantarum. Sessa, Venetiis.

Greuter, W. 2003. The Euro+Med treatment of *Gnaphalieae* and *Inuleae* (Compositae) – generic concepts and required new names. Willdenowia 33:239-244.

Handel-Mazzetti, H. 1927. Systematische Monographie der Gattung *Leontopodium*. Beihefte zum Botanischen Centralblatt 44:1-178.

Hegi, G. 1927. Illustrierte Flora von Mitteleuropa. J. F. Lehmanns Verlag, München.

Hook, I. L. I. 1993. *Leontopodium alpinum* Cass (Edelweiss): in vitro culture, micropropagation, and the production of secondary metabolites. *In* Bajaj, Y. P. S. (Ed.) Biotechnology in Agriculture and Forestry 21, Medicinal and Aromatic Plants 4:217-231. Springer Verlag, Berlin-Heidelberg.

Hostettmann, K. 2000. Tout savoir sur le pouvoir des plantes, sources de médicaments. Favre, Lausanne.

Jouy, A. 2010. Dictionnaire de botanique illustré. Ulmer, Paris.

Keller, R., et P. Vittoz. 2009. Premiers résultats d'un suivi de l'edelweiss (*Leontopodium alpinum* Cass.) dans le Val Ferret (Valais). Bulletin de la Murithienne 127:29-44.

Kronfeld, E. M. 1910. Das Edelweiss. Heller, Wien.

Lauber, K., et G. Wagner. 2007. Flora Helvetica – Flore illustrée de Suisse. Haupt, Berne.

Lê, C.-L. 2006. Une technique au point. L'edelweiss se multiplie à grande vitesse à Changins. Terre valaisanne 13 (6): 33.

Mattioli, P. A. 1571. Senensis, medici, compendium de plantis omnibus. Valgrisiana, Venetiis.

Mattioli, P. A. 1590. Kreutterbuch. Fischer, Franckfurt am Mayn.

Meusel, H., et E. J. Jäger (eds). 1992. Vergleichende Choreologie der zentraleuropäischen Flora. Gustav Fischer Verlag, Jena-Stuttgart-New York.

Meyer, H. F. 2007. Blutiges Edelweiss. Die 1. Gebirgs-Division im 2. Weltkrieg. Ch. Links-Verlag, Berlin.

Nicholson, G., et S. Mottet. 1892. Dictionnaire Pratique d'Horticulture et de Jardinage. Tome 1. Doin, Paris.

Nikolić, T., et J. Topić. 2005. Crvena Knjiga Vaskularne Flore Hrvatske [Red Data Book of Croatian Vascular Plants]. Ministarstvo kulture, Državni zavod za zaštitu prirode, Zagreb.

Paula Schrank, F. von, et K. Erenbert Ritter von Moll. 1785. Naturhistorische Briefe über Österreich, Salzburg, Passau und Berchtesgaden. Salzburg.

Petrova, A., et V. Vladimirov (eds). 2009. Red List of Bulgarian vascular plants. Phytologia Balcanica 15:63-94.

Peukert, D. 1980. Die Edelweisspiraten. Protestbewegungen jugendlicher Arbeiter im Dritten Reich. Köln.

Pignatti, S. 1982. Flora d'Italia, Vol. 3. Edagricole, Bologna.

Rey, C., et I. Slacanin. 1999. Approche culturale et phytochimique de l'edelweiss. Revue suisse de Viticulture, Arboriculture, Horticulture 31:89-96.

Safer, S., K. Tremetsberger, Y.-P. Guo, G. Kohl, M. R. Samuel, T. F. Stuessy, et H. Stuppner. 2011. Phylogenetic relationships in the genus *Leontopodium* (Asteraceae: Gnaphalieae) based on AFLP data. Botanical Journal of the Linnean Society 165:364-377.

Schwaiger, S., R. Cervellati, C. Seger, E. P. Ellmerer, N. About, I. Renimel, C. Godenir, P. André, F. Gafner, et H. Stuppner. 2005. Leontopodic acid: a novel highly substituted glucaric acid derivative from Edelweiss (*Leontopodium alpinum* Cass.) and its antioxidative and DNA protecting properties. Tetrahedron 61, 19:4621-4630.

Schwaiger, S., U. Frey, A. F. Grogg, N. Marcon, X. Simonnet, et H. Stuppner. 2006. Altitudinal variation of secondary metabolite contents in inflorescence leaves of Edelweiss (*Leontopodium alpinum* Cass.). P-098 in 4th international conference on natural products "Natural products: a chance for the future of mankind", 28-31 mai 2006, Leysin, Suisse.

Sigg, P. 2008. Culture de l'edelweiss pour la fleur coupée. Revue suisse de Viticulture, Arboriculture, Horticulture 40 349-356.

Speroni, E., S. Schwaiger, P. Egger, A.-T. Berger, R. Cervellati, P. Govoni, M. C. Guerra, et H. Stuppner. 2006. In vivo efficacy of different extracts of Edelweiss (*Leontopodium alpinum* Cass.) in animal models. Journal of Ethnopharmacology 105(3):421-426.

Stevanović, V., et B. Stevanović. 1999. *Leontopodium alpinum* Cass. Pages 347-349, 513-514 in Crvena knjiga flore Srbije 1. Iščezli i krajnje ugroženi taksoni (V. Stevanović, ed.) Ministarstvo za životnu sredinu Republike Srbije, Biološki fakultet Univerziteta u Beogradu, Zavod za zaštitu prirode Republike Srbije, Beograd.

Theodorus, J. 1625. Neuw vollkommentlich Kreuterbuch. Dreuter, Franckfurt am Mayn.

Tutin, T. G., V. H. Heywood, N. A. Burges, D. M. Moore, D. H. Valentine, S. M. Walters, et D. A. Webb. 1976. Flora Europaea. Vol. 4. Cambridge University Press, Cambridge.

Vigneron, J. P., M. Rassart, Z. Vértesy, K. Kertész, M. Sarrazin, L. P. Biró, D. Ertz, et V. Lousse. 2005. Optical structure and function of the white filamentary hair covering the edelweiss bracts. Physical Review E 71:1-8.

Witkowski, Z. J., W. Król, et W. Solarz (eds). 2003. Carpathian List of Endangered Species. WWF International Danube-Carpathian Programme, Vienna, Austria; Institute of Nature Conservation, Polish Academy of Sciences, Krakow, Poland.

Zăpârțan, M. 1996. Conservation of *Leontopodium alpinum* using in vitro techniques in Romania. Botanic Gardens Micropropagation News (Kew) 2:26-28.

Zoller, H., M. Steinmann, et K. Schmid. 1972. Faksimileausgabe von Gessner, Conrad: Conradi Gesneri Historia Plantarum, Dietikon.

Cet ouvrage a été imprimé et relié en avril 2011 sur les presses
de l'imprimerie Juillerat Chervet SA (Suisse).